महाराजा अग्रसैन
अग्रवंश का संक्षिप्त इतिहास

महाराजा अग्रसैन
अग्रवंश का संक्षिप्त इतिहास

श्री कृष्ण गुप्ता

GenNext Publication

महाराजा अग्रसैन

अग्रवंश का संक्षिप्त इतिहास

ISBN : 978-93-5324-130-8 (PB)

भारत सन् 2019 में प्रकाशित

जेन्नेकस्ट पब्लिकेशन

5, अंसारी रोड, दरियागंज,

नई दिल्ली-110002

Phone: 9811692060

ई-मेल: gennextpublication@hotmail.com

मुद्रित: जी. प्रिंट प्रोसेस, दिल्ली

समर्पित

उस देवतुल्य पिता **श्री गंगादियालजी** व दादा **गनेशीमलजी गर्ग** को जिनकी छत्रछाया में अधिक समय तक रहने का सौभाग्य तो प्राप्त नहीं हुआ परन्तु अदृश्य रूप में जो हर पल मेरे साथ सुरक्षाकवच के रूप में रहकर मुझे विजयी बनाते रहते है तथा तीर्थ स्वरूप माता **चन्द्रोदेवीजी** तथा दादी मां **रामबाईजी** जो महान तीर्थो से भी बढ़कर है उन्हीं के आशीर्वाद से हमने हर खुशी तथा सुख प्राप्त किये मगर जो अपने हाथों से लगाये बगीचों द्वारा सुन्दर फूल तथा फलों को देखने तथा चखने का आनन्द न ले पाई अपनी प्यारी मां व दादी मां के चरणों में रहकर हर संकट की घड़ी पार कर लेता हूँ। वह मुझे तथा अपने पूरे परिवार समेत किसी को भी चिंतित नहीं देख सकती और हमारी सभी मनोकामना पूरी करती है। वे उस जगदम्बा मां से बढ़कर है। इस पुस्तक को उन्ही के आशीर्वाद से लिख पाया तथा उन्हीं को समर्पित कर रहा हूँ।

CENTURY
...art of water
Flowing delight
Let the exuberance flow in your
BATHROOM
DESIGN | QUALITY | INNOVATION
PRABHAT SANITARYWARE PVT. LTD.
D-2, S.M.A. Co-Operative Indl. Estate G.T. Karnal Road, Delhi-110033
Ph.: 011-27691021 , 27691833
www.centurybath.in
TOLL FREE NO - 18008434445

श्री गणपति वन्दना

गुरूर्ब्रह्मा, गुरूर्विष्णुः गुरूर्देवो महेश्वरः।
गुरूर्साक्षात् परबह्मा, तस्मै श्री गुरवे नमः।।

प्रणमय शिरसा देवं, गौरीपुत्रं विनायकम्।
भक्तावासं स्मरे नित्यमायुः कामार्थ सिद्धये।।

वक्रतुण्ड महाकाय कोटि सूर्य समप्रभः।
निर्विध्नं कुरमे देव सर्वकार्येषु सर्वदा।।

लम्बोदर नमस्तुभ्यं सततं मोदकप्रिय।
निर्विध्न कुरू में देव सर्वकार्येषु सर्वदा।।

गजाननं भूतगणाधि सेवितं, कपित्थ जम्बूफलचारु भक्षणम्।
उमासुतं शेकविनाशकारक, नमामिविघ्ननेश्वरपादपकडजम्।।

सर्व विघ्न विनाशाय, सर्व कल्याण हेतवे।
पार्वती प्रिय पुत्राय, श्री गणेशाय नमोनमः।।

श्री गणपति

महालक्ष्मी स्तवन

नमस्तेऽस्तु महामाये श्रीपीठे सुरपूजिते।
शंख चक्र गदा हस्ते महालक्ष्मी नमोस्तुते॥

हे माते ! आप ओमकार स्वरूपा, श्रीपीठ पर विराजने वाली, देवताओं द्वारा नित्य पूजिता, हे महामाये! मैं आपको नमस्कार करता हूं। अपने वरद् हस्तों में शंख, चक्र तथा गदा धारण करने वाली, हे महालक्ष्मी देवी ! आपको नमस्कार है।

नमस्ते गरुढारुढे कोलासुर भयंकरी।
सर्वपापहरे देवि महालक्ष्मी नमोस्तुते॥

गरुढ़ पर आरूढ़ होकर, कोलासुर को भयभीत कर देने वाली, तथा प्रसन्न होने पर, समस्त पापों को हर लेने वाली, हे महालक्ष्मी मां! मैं आपको नमस्कार करता हूं। आपको नमस्कार है।

सिद्धि बुद्धि प्रदेदेवी भुक्ति मुक्ति प्रदायनी।
मन्त्रपूते सदा देवी महालक्ष्मी नमोस्तुते॥

हे जगन्माते! आप मंत्रों सी, निरंतर पवित्र हैं, आप सभी अष्ट सिद्धियों, निर्मल बुद्धि, जगत के सर्व ऐश्वर्य, भोग तथा परमपद - मोक्ष, की प्रदाता हैं, हे महालक्ष्मी देवी ! आपको नमस्कार है।

सर्वज्ञे सर्व वरदे सर्व दुष्ट निवारिणी।
सर्व सिद्धि प्रदे देवी महालक्ष्मी नमोस्तुते॥

हे महालक्ष्मी देवी ! आप सर्वज्ञ हैं ! आप ही अर्थ-धर्म-काम-मोक्ष आदि समस्त ऐष्णाओं की प्रदाता हैं, आप सभी दुष्टों तथा दुष्ट प्रकृतियों से, जगत को मुक्त कराने वाली हैं। सर्व सिद्धियों की प्रदायक, हे देवी महालक्ष्मी ! मैं आपको नमस्कार करता हूं।

आद्यान्त रहिते देवी आदिशक्ति महे श्वरी।
योगजे योग सम्भूते महालक्ष्मी नमोस्तुते॥

हे आद्यशक्ति महेश्वरी ! आप योग से प्रकट हुई हैं तथा योग से परि पूर्ण हैं। आदि व अंत से रहित, हे देवी महालक्ष्मी ! मैं आपको नमस्कार करता हूं।

स्थूल सूक्ष्म महारौद्रे महाशक्ति महोदरे।
महापाप हरै देवी महालक्ष्मी नमोस्तुते॥

हे माते! आप स्थूल, सूक्ष्म तथा महारौद्र सभी रूपों में विद्यमान हैं। आप ही महाशक्ति हैं, महोधरा हैं, बड़े से बड़े पापों का नाश करने वाली, हे महालक्ष्मी देवी ! आपको नमस्कार है।

पद्मासन स्थिते देवी परब्रह्म स्वरुपिणी।
परमेशी जगन्मातः महालक्ष्मी नमोस्तुते॥

हे देवी आप पद्मासन पर विराजमान हैं, आप ही परम ब्रह्म स्वरूपा हैं, आप ही परम ईश्वरी हैं। हे जगन्माते महालक्ष्मी! मैं आपको नमस्कार करता हूं।

कनकाम्बर धरै देवी नानालंकार भूषिते।
जगतस्थिते जगन्मातः महालक्ष्मी नमोस्तुते॥

हे जगन्माते! आप स्वर्णिम वस्त्रों को धारण करने वाली, नाना अलंकारों से सुशोभित हैं, यह सारा चर-अचर जगत आपमें ही स्थित है, हे महालक्ष्मी देवी ! मैं आपकी वंदना करता हूं। आपको बारंबार नमस्कार है।

श्री महालक्ष्मी

श्रीशिव पञ्चाक्षर स्तोत्रम्

भगवान शंकर के स्तवन में इस स्तोत्र की अनन्त महिमा है। इस स्तोत्र की एक विशेषता यह है कि इसमें 'नम: शिवाय– मंत्र के एक-एक अक्षर को लेकर मंत्रों की रचना की गई है, यथा –

'न'

नागेन्द्रहाराय त्रिलोचनाय, भस्माङ्गरागाय महेश्वराय।
नित्याय शुद्धाय दिगम्बराय तस्मैं 'न' काराय नमः शिवाय॥1॥

अर्थात् जिनके कण्ठ में सापों का हार है, जिनके तीन नेत्र हैं, भस्म ही जिना अगंराग (अनुलेपन) है, दिशाएं ही जिनका वस्त्र हैं (जो नग्न हैं), उन शुद्ध अविनाशी महेश्वर 'न' कार स्वरूप शिव को नमस्कार हैं।

'म'

मन्दाकिनीसलिलचन्दनचर्चिताय नन्दीश्वरप्रमथनाथमहेश्वराय।
मन्दारपुष्प बहुष्पसुपूजिताय तस्मै 'म' कारय नमः शिवाय॥2॥

अर्थात् गंगाजल और चन्दन से जिनकी अर्चना हुई है, मन्दार-पुष्प तथा अन्यान्य कुसुमों से जिनकी सुन्दर पूजा हुई है, उन नन्दी के अधिपति प्रथमगणों के स्वामी महेश्वर 'म' कार स्वरूप शिव को नमस्कार है।

'श'

शिवाय गौरीवदनाब्जवृन्द, सूर्याय दक्षाध्वरनाशकाय।
श्रीनीलकण्ठाय वृषध्वजाय तस्मै 'शि' काराय नमः शिवाय॥3॥

अर्थात् जो कल्याण स्वरूप हैं, पार्वती जी के मुख-कमल को विकसित (प्रसन्न) करने के लिए जो सूर्यस्वरूप हैं, जो दक्ष के यज्ञ का नाश करने वाले है जिनकी ध्वजा में बैल का चिन्ह है, उन शोभाशाली नीलकण्ठ 'शि' कार स्वरूप शिव को नमस्कार है।

'व'

वसिष्ठकुम्भोद्भवगौतमार्य मुनीन्द्रदेवार्चितशेखराय।
चन्द्रार्कवैश्वानरचोलनाय तस्मै 'व' काराय नमः शिवाय॥4॥

अर्थात् वसिष्ठ अगस्तय और गौतम आदि श्रेष्ठ मुनियों ने तथा इन्द्र आदि देवताओं ने जिनके मस्तक की पूजा की है, चन्द्रमा, सूर्य और अग्नि जिनके नेत्र है, उन 'व' कार स्वरूप शिव को नमस्कार है।

'य'

यक्षस्वरूपाय जटा-धराय पिनाकहस्ताय सनातनाय।
दिव्याय देवाय दिगम्बाय तस्मै 'य' कराय नमः शिवाय:॥5॥

अर्थात् जिन्होंने यक्षरूप धारण किया है, जो जटाधारी है, जिनके हाथ में पिनाक है, जो दिव्य सनातन पुरुष हैं, उन दिगम्बर देव 'य' कार स्वरूप शिव को नमस्कार है।

पञ्चाक्षरमिंद पुण्य य: पठेच्छिवसंनिधौ
शिवलोकमवाप्नोति शिवेन सह मोदते॥

अर्थात् जो शिव के समीप इस पवित्र पञ्चाक्षर का पाठ करता है, वह शिवलोक को प्राप्त करता है और वहां शिवजी के साथ आन्नदित होता है।

शिव परिवार

विषय–सूची

महाराजा अग्रसैन अग्रवंश का संक्षिप्त इतिहास

प्रस्तावना

प्रस्तुत पुस्तक *'महाराजा अग्रसैन–अग्रसैन का संक्षिप्त इतिहास'* अपने नाम को सार्थक करती है। इसमें महाराजा अग्रसैन के जन्म से लेकर उनके सुशासन, महालक्ष्मी से वरदान मिलने, इन्द्र की ईर्ष्या, परशुराम का उन्हें धर्म परिवर्तन कराना, 18 राजकुमारों का 18 नाग–कन्यायों से विवाह, चाची की चुन्दड़ी का रहस्य तथा किस वजह से अपने पुत्रों को 18 मुनियों को गोद दिया का सम्पूर्ण विवरण, वैश्य धर्म धारण करने पर भी क्षत्रियों को सभी चिन्ह विवाह अवसरों पर धारण करने का अधिकार प्राप्त होना आदि विस्तार से संकलित किया गया है। पुस्तक में यह भी बताया गया है कि किस तरह कुछ अग्रवालों ने जैन धर्म का वरण कर लिया और जैनी अग्रवाल कहलाये। वैश्य साम्राज्य, चाणक्य नीति, गुप्त वंश, बर्धन वंश, बल्लभी–काकाटंक वंश, नागवंश का विस्तृत वर्णन किया गया है। अंत में दुर्गा सप्तशती का वैभवपूर्ण वर्णन भी पुस्तक के महत्व को दर्शाता है।

महाराजा अग्रसैन
अग्रवंश का संक्षिप्त इतिहास

महाराजा अग्रसैन की जन्म तिथि व महाराजा अग्रसैन की जीवनी

महाराजा अग्रसैन की जन्म तिथि चैत्र शुक्ल प्रथमा को बृह्मजी ने सृष्टि का प्रारंभ किया था। श्री राम का राजतिलक भी चैत्र सुदी प्रथमा को ही हुआ था। 5112 वर्ष पूर्व श्री युधिष्ठिर का राज्यभिषेक भी इसी दिन हुआ था। 5000 साल पहले पैदा हुए। इसी दिन विक्रमादित्य ने अपने अखंड भारत की स्थापना भी की थी जो विक्रमी सवंत 2075 शुरु हो रहा है। 18 मार्च 2018 विक्रमी सवंत 2075 हिन्दू वर्ष के रुप में जाना जाता है।

यह बाल्य काल से बड़े होनहार, निपुण तथा धार्मिक विचारों वाले थे। इनके विवाह के बारे में जो जानकारी मिली। उसी के आधार पर यह शिकार खेलते वनों से होते हुये एक सुन्दर नगरी में चले गये। वहां के राजा कुमुद की लड़की माधवी से उनकी भेंट हुई। बाद में जब कुमुद ने अपनी लड़की का स्वयंवर किया तो उसी स्वयंवर में खुद इंद्र भी राजा के रुप में आये हुए थे। सभी राजा माधवी जो परम सुन्दरी तथा धर्म की महान देवी थीं से विवाह करना चाहते थे लेकिन माधवी ने अपने पिता से बताया कि मैं मन ही मन अग्रसैन को अपना पति मान चुकी हूँ। अतः हो सके तो आप मेरा विवाह उसी से करने की कृपा करें अन्यथा मैं जन्मभर कुवांरी रहूंगी। राजा कुमुद ने अग्रसैन का पता निकलवाया और बड़ा प्रसन्न हुआ क्योंकि अग्रसैन महाराजा परीक्षित के पुत्र थे। महाराजा परीक्षित भी कुमुद से संबंध जोड़ने में

अपनी प्रतिष्ठा समझते थे। क्योंकि कुमुद नागलोक के राजा थे। अतः बड़ी धूमधाम से माधवी व अग्रसैन का विवाह सम्पन्न हुआ।

महाराजा परीक्षित का इतिहास

बाल्यवस्था में एक बार महाराजा परीक्षित शिकार खेलने चले गये। आगे काफी दूर जाने के बाद उन्हें एक झाड़ी में दो आंखे चमकती दिखाई दीं। वह दो जंगली हिंसक पशु की भांति थी। परीक्षित ने अपना धनुष बाण छोड़ दिया। जिस वक्त बाण चला तो झाड़ी में शेरनी बच्चे को जन्म दे रही थी। वह बाण शेरनी को लगा लेकिन बच्चा पैदा हो चुका था। शेरनी बाण से तड़पने लगी तभी शेरनी का बच्चा नवजात शावक एक दम उछलकर परीक्षित के हाथी पर झपटा परन्तु गिर पड़ा और मर गया। उस समय परीक्षित हाथी से नीचे उतरा और उस शेरनी के बच्चे व शेरनी का दाह संस्कार किया और कहा– धन्य है यह भूमि और ऐसे सपूत जो अपनी मां के लिए जन्मते ही उस पर न्यौछावर हो जाते हैं। उस जगह का नाम हरियाणा ही था, जहां प्राणी अपने कुलघाती व शत्रु को पहचानते ही उससे प्रतिशोध लेने की उत्कन्ठा और क्षमता रखता है। इसी पृथ्वी पर निवास करने वाला मनुष्य अपनी मातृभूमि के लिए समर्पित होगा।

जब द्वापर युग खत्म हो गया और कलियुग आने वाला था। एक दिन प्रातः महाराजा परीक्षित घूमने निकले। कुछ ही दूरी पर जाने के बाद उन्होंने देखा कि एक चांडाल, एक गाय व एक बैल को बुरी तरह पीट रहा है। महाराजा ने उसे मना किया परन्तु वह नहीं माना तब महाराजा परीक्षित ने बाण उठाया। उसके हाथ में धनुष–बाण देखकर चांडाल अपने असली रुप में आ गया तथा गाय व बैल भी अपने असली रुप में आ गये। चांडाल जो था वह कलियुग था तथा गाय पृथ्वी देवी माता तथा बैल धर्म था। गाय रुपी पृथ्वी कहने लगी। सतयुग में धर्म के पूरे चारों चरण थे। सभी धर्म की रक्षा करते थे। त्रेता

युग में धर्म तीन चरणों वाला रह गया। लेकिन द्वापर में केवल दो चरण वाला हो गया। अब जब कलियुग प्रारंभ हो रहा है तो धर्म सिर्फ एक पैर वाला ही रह गया है। अब आप ही धर्म की रक्षा कर सकते हैं। महाराज परीक्षित ने कलियुग रुपी चांडाल से कहा कि आप कोई भी स्थान स्पर्श नहीं करेंगे, जहां धर्म की हानि हो। तो हाथ जोड़कर कलियुग कहने लगा। आप मुझे रहने के लिए कुछ स्थान दे दो। जहां भी आप चाहें। तब परीक्षित ने कहा, मदिरा, शराब, जुआ, व पराई स्त्री या बुरी नजर रखने वालों पर आप अपना स्थान बना लें। इस पर कलियुग ने एक स्थान ऐसा मांगा जहां कुछ प्रतिष्ठा मिले। इस पर राजा ने उसे स्वर्ण दे दिया। यह प्रसंग महाभारत में भी आता है।

एक दिन महाराजा परीक्षित शिकार खेलने वन में गये। वहां काफी धूप व अधिक परिश्रम के कारण राजा को जोर से प्यास लगी। वह नजदीक के एक ऋषि आश्रम में गये जहां ऋषि के पिता शमीक मुनी का आश्रम था उन्होंने वहां जाकर देखा, शमीक ऋषि आखें बन्द करके मौन मुद्रा में भगवान के भजन में लीन थे।

क्योंकि उस समय महाराजा ने मुकुट पहन रखा था और मुकुट में सोना लगा होने के कारण कलियुग ने अपना प्रभाव दिखाया तथा महाराजा की बुद्धि में बदलाव कर दिया। राजा के मन में एकाएक विचार आया कि ऋषि ने मेरा अपमान किया है और राजा के सत्कार की बजाय आंखें बन्द की हैं। इस पर राजा के मन में विचार आया और उसने अपने तीर से एक मरा हुआ सर्प उसके गले में डाल दिया और अपनी राजधानी को वापस आ गया। ज्यों ही उसने अपने सिर से मुकुट उतारा उसे अफसोस होने लगा कि उसने यह क्या किया। शमीक ऋषि के साथ काल की प्रेरणावश अभद्र व्यवहार करने के लिए ऋषि पुत्र श्रृंगी ने राजा परीक्षित को सात दिनों के भीतर तक्षक नाग द्वारा डसे जाने का श्राप दे दिया था। मृत्यु को अटल जानकर राजा

ने गंगा तट पर आमरण अनशन का व्रत ग्रहण किया। वहां तट पर उपस्थित अत्रि, मैत्रय, नारद, देवल, भारद्वाज तथा गौतम ऋषि मुनियों की आज्ञा पाकर राजा जनमेजय ने ज्येष्ठ पुत्र को हस्तिनापुर का राज्य सौंप दिया। खुद ब्यास नन्दन शुकदेव जी के मुख से श्रीमद्भागवत वाणी का आनन्द लेने में लीन हो गये क्योंकि श्रृंगी ऋषि का शाप अटल था इसलिए शाप के सातवें दिन अभेद कवचों का भेदन करते हुये तक्षक नाग उन्हें डसने में सफल हो गया।

उसने अपने विचारों का बदलाव देखा और अपने को काफी गलत समझने लगा कि जो ऋषि के साथ मैंने कार्य किया वह अच्छा नहीं किया। उसने वापसी वन जाने की तैयारी करने की ठानी ताकि ऋषि से क्षमायाचना की जाये। परन्तु तब तक देर हो चुकी थी क्योंकि शमीक ऋषि का पुत्र श्रृंगी ऋषि जब अपने पिता के आश्रम पर आया और वह सर्प को अपने पिता के गले में देखकर बड़ा क्रोधित हुआ और श्राप दे दिया कि जिसने इस मरे हुये सर्प को मेरे पिता के गले में डाला है उसकी ठीक सातवें दिन इसी तक्षक नाग के जिन्दा हो जाने पर काटने से मृत्यु हो जावेगी। बाद में शमीक मुनी ने श्रृंगी ऋषि को बहुत समझाया क्योंकि परीक्षित के मुकुट में सोना था और सोने में कलियुग का वास होने से अनजाने में यह हुआ है। इतने में राजा भी वहां पहुंच चुका था। इस पर श्रृंगी ऋषि ने कहा, अब तो श्राप दिया जा चुका है अब कुछ भी नहीं हो सकता। मृत्यु निश्चित होगी। अब जब यह समाचार सब जगह फैल गया तो शुकदेव मुनी आये और वह महाभारत रुपी श्रीमद्भागवत, वेद ब्यास द्वारा रचित मानस कथा उनको सुनाने लगे तो एक घटना इसी दौरान घटी, हुआ यह कि इस खबर को सुन कर एक ब्राह्मण जिसको यह वरदान मिला हुआ था कि किसी की भी मृत्यु हो जाने पर उसको वह 24 घंटे के अन्दर, खासकर सर्प के काटने के बाद हो जाये तो वह उसके देखने के बाद

ठीक कर देता था। वह ब्राह्मण वैद्य आ रहा था कि जैसे ही वह सर्प परीक्षित को काटेगा तो बाद में मैं उसे पुर्नजीवित कर दूँगा। उसी समय तक्षक नाम का वही सर्प पुर्नजीवित होकर परीक्षित को काटने के लिए जा रहा था। तो उस ब्राह्मण की भेंट हो गई। आपसी बातचीत के दौरान जब तक्षक को पता चला कि ब्राह्मण राजा को बचाने जा रहा है। तो उसने पहिले उसकी परीक्षा लेनी चाही। तक्षक ने ब्राह्मण की आंख बचाकर एक पेड़ जो हरा–भरा था, उस पर एक लकड़ी काटने वाला लकड़हारा लकड़ी काट रहा था। तक्षक ने अपनी जहरीली फुंकार से पेड़ को जला दिया। उसके साथ वह लकड़हारा भी जल गया। तब ब्राह्मण से तक्षक ने कहा! देखो पेड़ जल रहा है और इस पर लकड़ी काटने वाला भी जल गया। आप कृपा करके उसे पुर्नजीवित कर दें। ब्राह्मण ने मन्त्र का उच्चारण करके जैसे ही पेड़ पर नजर डाली, पेड़ पुनः हरा भरा हो गया तथा वह लकड़हारा भी पुनःजीवित हो गया तथा वह भी लकड़ी लेकर उन्हीं दोनों के पीछे–पीछे कुछ दूरी पर चलने लगा। आगे तक्षक ने सोचा, यह ब्राह्मण उस राजा को जीवित कर देगा। अतः इस ब्राह्मण को मारने का उपाय सोचने लगा तथा कुछ दूरी पर भी अदृश्य हो गया। अब वह एक बहुत सुन्दर बैंत (हाथ में लेकर चलने वाली लकड़ी) बन गया और रास्ते में गिर गया। आगे जाने पर ब्राह्मण ने उस सुन्दर बैंत को देखा और उसे हाथ में लेकर चलने लगा, कुछ देर बाद वह भारी हो गया। वजन होने के कारण उसने वह बैंत अपने कंधे पर रख लिया। जैसे ही उसने उसे कंधे पर रखा तक्षक ने अपने असली रुप में आकर उसकी गर्दन को काट लिया। गर्दन को न देख पाने के कारण वह ब्राह्मण मर गया। इस घटना की पूरी जानकारी केवल उस लकड़हारे को थी। उसने अपने गाँव जाकर यह पूरी घटना सभी को बताई। उस सूचना के बाद वहां से कुछ आदमी राजा को बताने गये। तब तक राजा परीक्षित को तक्षक नाग ने काट लिया। जिससे उसकी मृत्यु हो गई। राजा के

स्वर्ग सिधारने के बाद आखरी में तक्षक वाली बात को क्रिया पर दश गात्र (दाहसंस्कार) के बाद पिता के मोक्ष के लिए जब पूरी भगवत् सुनने के बाद जाना। जन्मेजय राजा के पिण्डदान आदि से निर्वत होकर सोचने लगा। यदि पिता जी की गलती से प्रेरणावश श्रृंगी के श्राप के बाद यदि तक्षक के काटने के बाद यदि वह ब्राह्मण कश्यप उनको जिन्दा कर देता तो इससे श्रृंगी का श्राप भी पूरा हो जाता और पिताजी की भी मौत नहीं होती। इसलिये तक्षक ने उस ब्राह्मण को मारकर ठीक नहीं किया। जिससे जन्मेजय के मन में सर्पों के प्रति प्रतिकार का भाव आ गया क्योंकि तक्षक नाग ने उस ब्राह्मण वैद्य को छल–बल से धोखे से मार डाला। जन्मेजय को बहुत दुखः हुआ और इसी तक्षक को न पहचानने की वजह से पूरी नाग जाति से बैर हो गया।

तक्षक को ढूँढ़ने या न पहचानने के कारण वह बच न पाये इसी धारणा की वजह से पूरी नाग जाति के प्रति घृणा हो गई। उसने पृथ्वी से सभी सर्प जाति का संहार करने की ठानी और एक ऋषि को सर्प यज्ञ करने के लिये बुलाया और सर्प यज्ञ शुरु करवा दिया। जब सर्प यज्ञ हो रहा था तो कुछ बेचारे निरपराध सर्प भी हवन में जलने लगे। इस पर अग्रसैन ने आपत्ति की और बड़े भाई से प्रार्थना की कि हमारा बैर सिर्फ तक्षक या उसके सहयोगी से हो सकता है। परन्तु बेकसूर सर्प जो मारे जा रहे हैं वह ठीक नहीं हैं। कृपया निर्दोष सर्पों को बचाने का उपाय किया जाये। परन्तु भावावेश में प्रतिशोध की आग तथा गुस्से के कारण जन्मेजय ने उसकी एक भी बात मानने से मना कर दिया। इससे अग्रसैन ने राज्य छोड़कर वन में तपस्या करने के उद्देश्य से माधवी को साथ लेकर वन जाने की तैयारी की। यह प्रसंग भी महाभारत में आता है। अग्रसैन जी ने भाई जन्मेजय से कहा था कि नाग जाति का हमारे ऊपर अहसान है क्योंकि हमारे दादा भीमसेन को

दुर्योधन के द्वारा जहर दिये जाने पर इसी नाग जाति के नाग राज ने उनकी जान बचाई थी और अर्जुन के मारे जाने पर पुर्न जीवित कर दिया। आगे अग्रसैन के मतों से सहमत कुछ आदमी भी अग्रसैन के साथ ही तपस्या के बहाने साथ हो गये। तब उन्होंने ऐसा स्थान चुनने के लिये जो तपस्या के लिए उपयुक्त हो सोचा।, स्थान के चुनाव में उन्होंने जो चुनाव किया वह आज हरियाणा के नाम से जाना जाता है। उस समय बीहड़ वन में जिस तालाब के किनारे तपस्या शुरु की उस स्थान का नाम अग्रसैन से अग्र तथा पानी को संस्कृत भाषा में उदक कहते है सो अग्र + उदक अग्रोदक पड़ गया जो बाद में अग्रोहा के नाम से प्रसिद्ध हुआ।

हरियाणा प्रदेश का वन या भूमि का चुनाव क्यों किया हरियाणा में क्या विशेष बात थी।

जिसे आज हरियाणा के नाम से जाना जाता है। पहले यह ऋषियों की तपो भूमी थी तथा महाभारत के युद्ध में जहां श्री कृष्ण ने अर्जुन को गीता का ज्ञान तथा गीता उपदेश दिया था वही स्थान धर्म क्षेत्र के नाम से विख्यात हो गया। सतयुग में सयमंत पजंक तथा पौराणिक मान्यताओं के अनुसार सृष्टि की उत्त्पति यहीं के एक सरोवर से हुई थी। यहीं पर पावन सरस्वती का तट था। 18 पुराणों और महाभारत के रचियता महर्षि वेद व्यास का आश्रम भी सम्याप्रास (सरस्वती नदी) के पवित्र पट पर था। इसी पावन नदी के तट पर वैदिक यज्ञों का आयोजन और आर्य संस्कृति का उद्घोष हुआ था मानव मात्र के लिए नीति दिशा निदेशक प्रधान ग्रन्थ मनुस्मृति का उद्गम यहीं हुआ और कपिल मुनि का तथा महा ऋषि वशिष्ठ व पुलस्त्य ऋषि तथा अनेक ऋषियों के आश्रम इसी वन में थे। महात्ऋषि मारकंडेय ने थानेशर कुरुक्षेत्र में ही तपस्या की और मानव जाति के लिए दुर्गा सप्तसती की रचना की तथा आर्युवेदिक औषधियों की

रचना की तथा पहचाना रोग रुपी राक्षसों का संहार करने के लिए दवा रुपी दुर्गा (औषधियों) से मानव जाति का उपचार किया। जिसका पूर्ण विवरण नीचे है। श्रृंगी ऋषि व शमीक मुनियों के आश्रम भी इसी बन मे थे। सप्तऋषि आश्रम, ध्रुव भगत ने भी यहीं तपस्या की थी। पूर्व में यमुना किनारे इन्द्रप्रस्थ जो मयदानव ने बनाया था। दूसरा बड़ा नगर अग्रेपुर जिसे आगरा के नाम से जाना जाता है।

महाप्रतापी कर्ण ने कर्णावल जिसे आज करनाल के नाम से जाना जाता है बसाया। पांडवों ने अपने गुरु द्रोर्णाचार्य को जो भूमि दान दी थी वही गुरु द्रोर्णाचार्य का आश्रम था। उस जगह का नाम गौड़ग्राम पड़ा क्योंकि गुरु द्रोर्णाचार्य गौड़ ब्राह्मण थे बाद में यही गौड़ग्राम (गुड़गाँव) के नाम से जाना जाने लगा। इसी राज्य में मय दानव जिसने पांडवों का महल बनाया था। बड़ा शिल्पी कारीगर था और उसकी पुत्री मन्दोदरी जो रावण की धर्म पत्नी थी। मयराष्ट्र जो आज मेरठ के नाम से जाना जाता है। उस समय इसी राज्य का हिस्सा था। रोहिताश्वर (रोहतक) पुत्यपतन् (पानीपत), कर्णावल (करनाल), कोट कापँड़ा लवपुर (लाहौर), कसुर (पेशावर), नाभा मंडी, विलासपुर, गढ़वाल, जीन्द, सपीदम नारिनवल (नारनोल), नाम आदि प्रमुख नगर हरियाणा के हिस्से थे। यहां पांच नदियां बहती थीं। ऐसा पवित्र धर्म स्थान अन्यत्र कहीं नहीं था। इसे पवित्र तथा तपस्या योग्य भूमि जानकर एक तालाब के किनारे महाराज अग्रसैन ने तथा उनकी धर्म पत्नी माधवी ने तपस्या आरंभ की। जो आदमी उनके साथ आये थे वह भी उसी स्थान पर अपनी–अपनी झोपड़ियां बनाकर रहने लगे और धीरे–धीरे वहां काफी बड़ी जगह गांवों में बदल गई। आगे सभी महाराजा अग्रसैन से अपनी–अपनी समस्या का समाधान पाकर बहुत खुश थे तथा वहीं खेती–बाड़ी करने लगे। उस समय सिर्फ बरसात ही खेती का सहारा था तो महाराजा अग्रसैन की सलाह से वहां बहुत बड़ा तालाब बनवाया गया और उसमें बरसात के दिनों पानी भरने से

पीने का तथा खेती की सिचाँई का काम उसी पानी से होने लगा धीरे–धीरे बड़ा नगर बस गया और सभी जनसमुदाय इकट्ठा हो गये। महाराजा अग्रसैन को राजा मान लिया और सभी प्रसन्नता पूर्वक रहने लगे। महाराजा अग्रसैन ने न चाहते हुये भी जनता का आग्रह स्वीकार कर पूरी दुनिया में सर्वप्रथम प्रजातन्त्र राज्य प्रणाली का सूत्रपात किया।

प्रजातन्त्र व सामाजिक भाई चारा

1. वहां सर्व प्रथम भाईचारा के नाम पर आने वाले आगन्तुक को रहने व काम करने के लिए सभी सहर्ष अपनी मर्जी के अनुसार एक रुपया तथा एक ईंट उसको देते थे। उस वक्त वहां की आबादी घरों की एक लाख के करीब हो गई थी। आने वाले के पास व्यापार के लिये एक लाख रुपये और नया मकान बनवाने के लिए लाख ईंट हो जाती थीं तथा सुखी जीवन जीने के नई खोज शुरु हो गई।
2. न्याय के लिए पंचायतें नियुक्त करके अपने गांव का सभी पिता–पुत्र की तरह न्यायोचित धर्म का पालन व बिना किसी दबाव के भगवान को साक्षी मानकर निर्णय करने में सफल रहे। इससे सभी के मन में प्रेम–भाईचारा बढ़ने लगा।
3. कर के नाम पर कोई टैक्स नहीं था। स्वेच्छा अनुसार अपनी आय का 10 प्रतिशत हिस्सा सभी राज कोष में दे देते थे। जिससे आपत्ति काल में सभी को लाभ मिलता तथा पहली बार शिक्षागृह, पचांयतों की देख–रेख में बनाये गये।
4. सभी धर्म पर पूर्ण विश्वास रखते थे। सूर्य, चन्द्रमा सभी ग्रहों तथा सभी शक्तियों की पूजा करते थे तथा महालक्ष्मी की विशेष उपासना करते थे।

एक बार लक्ष्मी जी ने दर्शन देकर कहा, जब तक आपके कुल में मेरी पूजा उपासना होगी। अग्रकुल धन वैभव से सम्पन्न रहेगा और कहा हे! राजन आप गृहस्थ धारण करो। गृहस्थ धर्म बड़ा अनुपम है सनातन धर्म को समझो। सभी आश्रम गृहस्थ में ही समावेशित हैं। तुम मेरी आज्ञा के अनुसार कार्य करो मैं तुम्हें सब वैभव और ऋद्धि–सिद्धि प्रदान करुंगी। *"वंशे मही सर्वापारिता चःभविष्यती तब वशों जाति वर्णों कुल नेता भविष्यति अध्यारंभ कुल तव नामना प्रसिध्यति अग्रवंशीय हि प्रजा प्रसिद्ध भुवन्त्रय भुजा प्रसार तववेसत नान्यस्म प्रतियादयर्त येन सा सफलां सिद्धी भूयात तव युगे–युगे ममपूजा कुले ग्रस्य सो अग्रवंशी भविष्यति इत्युकल्वन्त दथ लक्ष्मी समुछिश्य महावश्ये"* यह सारी पृथ्वी तेरे वंश से पूरित होगी। जहां कही भोजन समुदाय होगा वहां अग्रवंशी जरुर होगा और तेरे नाम से प्रसिद्ध होगा। तेरी भुजाओं में सदा प्रसाद रहे। युग–युग तक तेरी सिद्धि हो और इस कुल में मेरी सदा पूजा होती रहेगी। ऐसा तेरा अग्रवंश होगा। महाराजा ने गृहस्थ जीवन स्वीकार किया और महालक्ष्मी की कृपा से 17 लड़के पैदा हुये। उनके नाम संस्कार के लिए महाराजा ने 17 यज्ञ किये। एक बार राजा इंद्र देव जो अग्रसैन से माधवी के कारण नाराज थे। उन्होंने तालाब का सारा पानी सोख लिया और पानी की कमी के कारण प्रजा में हाहाकार मच गया। इस पर महाराजा अग्रसैन बड़े दुखी हुये और महालक्ष्मी का पूजन नगर वासियों के साथ किया। महालक्ष्मी ने स्वप्न में अग्रसैन को दर्शन देकर कहा कि यह सब इंद्र की वजह से हुआ है। पानी जब भी तालाब में भरता है। सूख जाता है। इसकी रक्षा के लिए आप तालाब में तांबा डलवाकर पक्की तली बनवाकर ऊपर पूरा घोल डाल दो ताकि पानी जमीन के अन्दर न जाने पाये। इससे प्रजा को नई शक्ति मिली और महाराजा अग्रसैन को और भी ज्यादा सम्मान देने लगे। महाराजा अग्रसैन राजकाज देखते हुये भी घोर तपस्या करते थे उनकी भक्ति निश्छल भाव से सच्चा भागवत प्रेम था।

इन्द्र की ईर्ष्या–परशुराम को लड़ाई के लिये अग्रसेन के पास भेजना

उनकी भक्ति को देखकर फिर इंद्र को ईर्ष्या होने लगी और परशुराम के पास खबर भिजवाई कि क्षत्रियों ने फिर पृथ्वी पर अत्याचार करने शुरु किये हैं। जन्मेजय ने सर्प यज्ञ करके निरपराध सर्पों को मार डाला है और आप पुनः क्षत्रियों का संहार करके पृथ्वी पर जो अत्याचार हो रहे हैं उससे मुक्ति दिलाओ। जब ऋषि परशुराम को यह खबर लगी तो वह लड़ाई के लिये चल पड़ा। रास्ते में अग्रसैन के राज्य की सीमा ही पहले पड़ती थी। इसीलिए परशुराम ने अग्रसैन को ही लड़ाई के लिए ललकारा। इस पर अग्रसैन क्योंकि शांति प्रिय भगवान, भक्त, गुरु व ब्राह्मण की सेवा करने वाले थे। उन्होंने परशुराम से कुछ वक्त (समय) लिया। इस पर परशुराम जी वहीं कुटिया बनाकर रहने लगे। अग्रसैन जानते थे कि परशुराम गुरु हैं। स्वयं भगवान का रुप हैं तथा ब्राह्मण हैं। इनसे लड़ाई जीत पाना असंभव है।

धर्म परिवर्तन (वैश्य धर्म धारण करना)

अब जब अग्रसैन को कोई रास्ता लड़ाई टालने का नहीं मिला तो उसका उपाय जानने के लिए वेश बदल कर परशुराम की सेवा करने लगे। एक दिन परशुराम को प्रसन्न मुद्रा में देखकर अग्रसैन ने कहा कि महाराज मेरे मन में एक शंका का समाधान नहीं हो पा रहा। कृपया आप उसका कोई समाधान बताने की कृपा करें। पूछने पर अग्रसैन ने बताया कि गुरु या ब्राह्मण से लड़ाई लड़ना पड़े या अपने क्षत्रिय धर्म से गिरना क्योंकि ललकारने के बाद राजा का धर्म है कि वह लड़ाई अवश्य लड़े। ऐसे में क्या करना चाहिए? इस पर परशुराम ने कहा कि गुरु और ब्राह्मण से लड़ाई नहीं करनी चाहिए और यदि उसका क्षत्रिय धर्म जाता है तो धर्म परिवर्तन कर लेना चाहिए। इससे

वह पाप से बच जायेगा और कोई दोष भी नहीं लगेगा जब समय सीमा चली गई और उन्होंने पुनः लड़ाई के लिए अग्रसैन को ललकारा तो ललकारने पर अग्रसैन ने हाथ जोड़ कर प्रार्थना की एवं कहा कि आप ही मेरा धर्म परिवर्तन कर दीजिये, जिससे धर्म की हानि भी न हो और मैं पाप कर्म से भी बच जाऊं। इस पर परशुराम बहुत प्रसन्न हुये और कहा कि आपने मेरी सेवा बहुत निश्चल भाव से की है तो आप वैश्यधर्म धारण करलें। इस पर महाराजा अग्रसैन ने अपना क्षत्रिय धर्म परिवर्तन करके वैश्य धर्म अपना लिया। परशुराम ने जब देखा कि क्षत्रिय इतने नम्र, सच्चे तथा देश जाति व गुरु ब्राह्मण के प्रति आदर भाव रखते हैं तो वह लड़ाई का विचार त्याग कर पुनः अपनी तपस्या स्थली को लौट गये। अग्रसैन ने जब धर्म परिवर्तन किया तो व्यापारी वर्ग बहुत खुश हुआ।

अग्रसेन के शिव दर्शन

एक दिन महाराजा तपस्या कर रहे थे तो शिव भगवान ने दर्शन देकर कहा कि आप कोई वर मांगो। इस पर अग्रसैन ने हाथ जोड़कर कहा– आप की कृपा से मैं बहुत खुश हूँ। मैं आपसे क्या मांगू तो भगवान शिव ने वरदान दिया तथा धर्म परिवर्तन के कारण व्यापार के लिए पूजा की विधि तथा शिव गद्दी बनाने तथा महालक्ष्मी को कुल देवी बनाने को कहा और पैसे रखने के लिए एक सन्दूक भेंट की और कहा कि आप लक्ष्मी व शिव की पूजा करने के बाद शिव गद्दी का पूजन करें तथा उस पर बैठने के बाद आप सत्य का सहारा लें। छल व कपट का भूलकर भी सहारा न लें और जो भी पैसा आये वह इस गल्ले में रखें। आपको कभी भी पैसे की कमी नहीं होगी। जब भगवान ने यह वरदान दिया तो अग्रसैन जी ने सब नगर वासियों को बुलाकर सारा समाचार सुनाया और भगवान शिव के आदेशानुसार सच्चा व्यापार करने की सलाह दी। सभी महाराज अग्रसैन की बात से सहमत हुये

और उनके बताये रास्ते पर चलने की प्रतिज्ञा की और सभी नगरवासियों ने भी अपना धर्म परिवर्तन करके वैश्य धर्म धारण किया।

अग्रवाल सन्तानें (पुत्र) व प्रजा हितकारी निर्देश

महादेव शिव की कृपा से महाराजा अग्रसैन की 17 संतान धार्मिक, पैदा हुईं। वे सभी निर्भीक व बुद्धिमान तथा माता पिता एवं नगर वासियों में जितने भी बुजुर्ग थे उन सब के आज्ञाकारी थे। राजा स्वयं नगर में भेष बदलकर रात को घूमने जाते। एक दिन वह एक मकान के पीछे खड़े हो गये वहां उन्होंने देखा कि एक परिवार के पास केवल तीन प्राणियों का खाना था। अचानक रात को एक मेहमान (अतिथि) आ गया। इस पर परिवार में पिता कहने लगा कि मैं अपने हिस्से का खाना मेहमान को दूँगा क्योंकि उस समय आगन्तुक के लिए अलग से खाने का इंतजाम नहीं हो सकता था। परन्तु उसकी स्त्री ने कहा– मेरे होते हुए आप भूखे सोंये। मैं अपने हिस्से का खाना मेहमान को दूंगी। इसके बाद बेटे ने कहा– मेरे होते हुए मां या पिताजी कोई भी भूखा सोये और मैं खाना खाऊँ, यह नहीं हो सकता। काफी देर के बाद उन्होंने आपस में सलाह की कि अपने–अपने हिस्से का एक तिहाई हिस्सा निकालें। जैसे 4 रोटी खानी है तो तीन ही खायेंगे, तीनों का एक तिहाई उस आगन्तुक को दे दिया। इससे सब ने खाना खाया और कोई भूखे पेट नहीं सोया।

इस बात से प्रेरणा लेकर महाराजा ने सभी नगरवासियों को बुलाकर निर्णय लिया कि स्वेच्छा से जो भी अपनी कमाई का अंश दान देना चाहे दे सकते हैं और कहीं भी जाति–धर्म या किसी का पक्षपात न करें। जो भी धार्मिक कार्य जैसे औषधालय, पाठशाला, मन्दिर, कुएँ, तालाब या प्याऊ तथा सामाजिक प्रतिष्ठान में पैसा लगायेगा उसका सभी समाज द्वारा सत्कार किया जावेगा तथा प्रशंसा की जावेगी। इस से लोगों के मन में धार्मिक भावना जागी और सभी आगे आने लगे

तथा समाज में नई चेतना जागी और सभी धर्मों से वैश्य जाति को बहुत आदर मिलने लगा।

महाराजा के पुत्रों की शादियाँ

महाराजा अग्रसैन के लड़के जब जवान हो गये, तो उनकी शादी के लिए कोई भी शादी करने को तैयार नहीं हुआ। जो क्षत्रिय धर्म था उसके परिवर्तन के कारण क्षत्रियों में शादी नहीं हो सकती थी और वैश्यों में भी धर्म परिवर्तन के कारण इन सब लड़कों की शादी नहीं हो पा रही थी। इस कारण वह बड़े चिंतित रहने लगे। इस बात का लाभ उठाकर इंद्र देव ने बासुकी नाग को बुलाया और जनमेजय के द्वारा सर्प यज्ञ की बात कही तो बासुकी नाग भी कुपित हो गया। इस पर महाराजा अग्रसैन, जो जन्मेजय का भाई है, के 17 लड़कों को मारने की योजना बनाई और बासुकी ने 17 विष कन्याऐं (इच्छा धारी नागिन) तैयार कीं ताकि उन लड़कों से शादी करके उन्हें खत्म किया जा सके। इंद्र की कुचाल के कारण बासुकी नाग राजा के वेश में अग्रसैन के पास आया और शादी का प्रस्ताव किया। जब महाराजा अग्रसैन ने जानना चाहा कि आप राजा होकर क्षत्रिय धर्म में रहकर मेरे बच्चों से शादी क्यों करना चाहते हैं तो बासुकी नाग ने इंद्र के बताये हुये वचन कहे– कि मेरे 17 कन्याऐं हैं और मैंने एक ही समधी (कन्याओं का ससुर) होने का व्रत लिया है। मेरे 17 कन्याऐं है और आपके 17 लड़के इसलिये मैं आपके लड़कों से अपनी लड़कियों की शादी करना चाहता हूँ। इस पर महाराजा अग्रसैन बड़े प्रसन्न हुये और शादी की हां कह दी और सभी शादी की तैयारी करने लगे। बाद में जब बासुकी को पता चला कि महाराजा अग्रसैन की पत्नी भी नाग वंश से कुमुदी की पुत्री हैं और महाराजा अग्रसैन बड़े धार्मिक राजा हैं। इसने इसी सर्पयज्ञ को खत्म न कर पाने से भाई जनमयेजय और राज्य दोनों की वजह से ही राज्य का त्याग किया तथा परशुराम के कहने पर वर्ण

बदल लिया। मैंने बड़ी भूल की जो इंद्र के कहने, इंद्र के छलावे में आ गया, उसकी आत्मा धिक्कारने लगी। वह बहुत बड़ी ग्लानि में आ गया। अब क्या होगा? यह सब सोचकर वह पुनः इंद्र के पास गया और शादी तोड़ने की इच्छा जाहिर की और भला–बुरा कहा– तब इंद्र ने कहा कि शादी हटाने का एक बहाना है, आप मनगढ़न्त बहाना बनाओ। आप एक कन्या और पैदा करो और जाकर अग्रसैन को कहना कि मेरे एक कन्या और हो गई। मैं 18 लड़कों के बिना शादी नहीं कर सकता क्योंकि मैंने एक ही समधी का वचन लिया है। इस पर महाराजा अग्रसैन ने कहा कि मैं बच्चा तो पैदा नहीं कर सकता क्योंकि मैं गृहस्थ जीवन पार कर चुका हूँ। अतः मैं ऋषियों से सलाह लेकर बाद मैं बताऊँगा। तब महाराजा अग्रसैन ने ऋषियों का आहवान् किया और समस्त ऋषियों से सब बात कही कि मुश्किल से यह शादी का प्रोग्राम बना है। इस नये प्रस्ताव से अग्रसैन जी बहुत आहत हुए। भगवान परशुराम ने उन्हें समझाया कि ऋषियों की कृपा से यज्ञ द्वारा 18 वां पुत्र पैदा किया जा सकता है और रिश्ता कायम रह सकता है। अग्रसेन जी ने ऋषियों से कहा कि शादी का रिश्ता अब टूटने जा रहा है। आप बतायें, मैं क्या करुं? इस पर ऋषियों ने सलाह करके कहा, आप घबरायें नहीं, हम एक लड़का आपके नाम का अग्नि से पैदा करेंगे। आप शादी का प्रबंध कीजिये। बासुकी के पास खबर भिजवाई कि हम अपने 18 लड़कों से ही आपकी 18 लड़कियों की शादी करेंगे। इस पर बासुकी बड़ी अनहोनी की शंका से चिंतित हो गये और अनमने भाव से वचन के कारण शादी करने की तैयारी की। जब 17 लड़कों की शादी हो गई तो 18 वें लड़के के लिए यज्ञ करते वक्त शादी का मुहुर्त निकल न जाये इसी जल्दी में एक श्लोक जल्दी से बोलने में अशुद्धि (गलती) हो जाने पर तथा 18 वें यज्ञ में बली प्रथा बन्द कर देने के उपरान्त बच्चा अंग हीन पैदा हुआ। जब लड़का पैदा हो गया और उसकी शादी की तैयारी होने लगी तो कहते हैं

आकाशवाणी हुई या लड़का कहने लगा– बोल पड़ा कि मैं शादी के योग्य नहीं हूँ। अंगहीन होने के नाते मैं अपनी पत्नी की सुरक्षा नहीं कर सकता और इसी कारण मैं उसका अच्छी प्रकार भरण–पोषण नहीं कर सकता तो उसकी बात पर सब उपस्थित ऋषियों ने विचार करके उसको आर्शीवाद दिया कि आपकी पत्नी सुरक्षित रहेगी तथा आपके कुल में जो भी बच्चा पैदा होगा वह धनवान ही पैदा होगा। उसको सहारे की जरुरत नहीं होगी, वह स्वयं ही अपने कार्य में कुशल होगा और धन से परियुक्त होगा। वह हमारा अठाहरवां गोत्र गोयनका है।

अठारह लड़कों के नाम तथा उनकी पत्नियों के नाम इस प्रकार है।

क्रमांक	*लड़कों के नाम*	*शादी हुई बहुयें*
1.	पुश्पदेव (गुलाब देव)	शुभा
2.	गेन्दुमल	शान्ता
3.	कर्णा चन्दर	कला
4.	मणिपाल	चरा
5.	बृंद देव	कान्ती
6.	ठाष्ण देवा (ठावनदेव)	चित्रा
7.	सिंधूपति	शान्ती
8.	जैत्र संघ	तितिक्षा
9.	मंत्रापति	मही
10.	तम्बोलकर्णा	यामिनि
11.	तारा चन्दर	शिखा
12.	वीर भान	अमृता
13.	बासुदेव	रमा
14.	नारसेन	पुष्या
15.	अमृतसैन	नयना
16.	इन्दरमल	अन्जिका
17.	माधव सैन	भवानी
18.	गोधर	चरा

चाची की चुन्दड़ी का रहस्य

जब सभी लड़कों की शादियां हो गईं तो जो विष कन्याऐं (इच्छाधारी नागिन) थीं वह दिन छुपने के बाद अपने असली रूप यानी सर्प योनि में चली जाती थीं लेकिन बासुकी की शिक्षा के कारण वह कुछ अनिष्ट नहीं करतीं थीं परन्तु रात भर लड़के सो नहीं पाते उनकी अवस्था बिगड़ती गई, चेहरे पीले तथा कान्तिहीन हो गये। माधवी ने उनसे पूछा लेकिन किसी ने कुछ नहीं कहा। अंत में माता ने गुप्तचरों द्वारा पता लगाया कि बात क्या है। जब असलियत का पता लगा तब माधवी ने महाराजा अग्रसैन से इस बात का खुलासा किया और जल्दी ही इसका निवारण हेतु उपाय करने को कहा। महाराजा अग्रसैन ने परशुराम जी को याद किया, परशुराम ने ब्रह्माजी को याद किया और इंद्र ब्रह्मा का पुत्र होने के नाते ब्रह्माजी ने इंद्र को बुलवाया। ब्रह्मा के समझाने पर इंद्र ने आगे से अग्रसैन से जो शत्रुता थी, त्याग दी और अग्रसैन को कहा कि ऋषियों के आर्शीवाद से इस समस्या का समाधन हुआ। ब्रह्मा जी ने कहा आपके पुत्र अर्जुन, उसके अभिमन्यु, उसके परीक्षित तथा उन्हीं का यह चौथा पुत्र है आप इससे बैर त्याग दें। बाद में इंद्र ने अपनी भूल स्वीकार की। हमेशा के लिये अग्रसैन से बैर छोड़ दिया। अब इसका समाधान हो जावेगा। अतः अग्रसैन ने पुनः ऋषियों को बुलवाया। ऋषियों ने यज्ञ में से मंत्र विभूषित कपड़े, चोले निकाल कर पवित्र जल से अच्छी तरह भिगोकर सभी नाग कन्यायों को दिन में सूर्य रहते ओढ़ाया। जिससे वह आगे पुनः अपने सर्प रुप में न जावें। जिसका आज तक भी चाची की चुन्दड़ी ओढ़ाने का शादी के बाद रिवाज है। वह इसी प्रसंग का प्रतीक है जो तब से चला आ रहा है।

महालक्ष्मी अग्रकुल की कुलदेवी

महाराजा अग्रसैन तपस्वी राजा के रुप में जनपद का संचालन करने लगे। यह छोटा जनपद धीरे–धीरे फैलने लगा। यह राष्ट्र करीब 400 योजन में फैल गया। महाराजा ने जनता को कृषि पैदावार, फल वाले पेड़ लगाने और औषधि वाली झाड़ियाँ या पेड़ लगाने को प्रेरित किया। सभी नगरवासी अपनी इच्छा अनुसार जनकल्याण हेतु रोजगार, निर्माण कार्य, राष्ट्र के प्रसार हेतु अपनी आय का एक निश्चित भाग खर्च करने लगे।

इस नगर के बीच में जहां अग्रसैन जी तपस्या करते थे। बहुत बड़ा तालाब था। सभी जन समूहों ने मिलकर अपनी मेहनत से इसे पत्थरों का बनवा दिया और सुन्दर घाट बनवा दिये तथा वहीं पर एक भव्य लक्ष्मी देवी का बड़ा मन्दिर भी बनवाया गया। दूसरा एक और मन्दिर भी बनवाया। जिसमें सभी देवताओं की मूर्तियां प्रतिष्ठित कराईं गईं। वे महालक्ष्मी के परम भक्त थे। एक दिन पुनः लक्ष्मी ने दर्शन देकर कहा कि आपकी तपस्या और शुभ आचरण से मैं प्रसन्न हूँ। अतः मैं सदैव शुभ आचरण वाले वैश्य परिवार के साथ रहूंगी। अगर मेरा दुष्प्रयोग हुआ तो उस घर में मैं निवास नहीं करुंगी। अब सभी नगर वासियों ने वैश्य समाज, लक्ष्मी की पूजा शुरु की और दीपावली के दिन विशेष लक्ष्मी पूजा की प्रथा शुरु हुई और सभी वैश्य समाज को तथा सभी नगरवासियों को आदेश दिया कि आप लक्ष्मी की कृपा पर्दे में रखें (गुप्त रखें)।

अपने व्यापार का भेद भी अपने पास गुप्त रखें। अपना सभी हिसाब उसी प्रकार से बही में लिखें जैसे चित्रगुप्त लिखते हैं। स्वेच्छा से दिया दान भी यथासंभव गुप्त दान करें तो ज्यादा अच्छा है। बाद में कालान्तर में इन्हें ही गुप्त वंश की उपाधि भी मिली।

अग्रसैन ने बताया कि महालक्ष्मी उनकी कुल देवी तथा उपास्थ देवी हैं लक्ष्मी धन व सिद्धि की अधिठात्री देवी हैं अग्रवाल समाज में लक्ष्मी की उपासना विशेष रुप से होती है।

अग्रसैन ने अपने 18 पुत्र को ऋषियों को विधि विद्यान से गोद दिया

एक दिन महाराजा अग्रसैन और माधवी विचार कर रहे थे कि हमारे साथ शादी में इस तरह धोखा हुआ तो आगे बच्चों की शादी नहीं होगी। ऐसे में क्या किया जावे। तब अग्रसैन इसी चिन्ता में रहने लगे। एक दिन फिर लक्ष्मी ने दर्शन देकर चिन्ता के निवारण हेतु उपाय बताया। आप अपने बच्चों को किसी अच्छे गुरु मुनी अथवा ऋषियों को गोद दे दें। इनको आपस में ही शादी करने का दोष नहीं लगेगा क्योंकि गोद विधि–विधान से देने पर यह अलग–अलग गोत्र में चले जायेंगे। इसी आदेश को मानकर लक्ष्मी व शिव का पूजन कर सब जन समुदाय को इकट्ठा करने के बाद आपने लक्ष्मी जी के कहे हुये वाक्य ज्यों के त्यों कहे। सभी ने सलाह करके इसको ठीक कहा तब महाराजा ने पुनः ऋषियों को बुलवाया और अपना मनोरथ कहा कि मैं अपने पुत्रों को विधी–विधान से गोद देना चाहता हूँ यदि ऋषि मेरे बच्चों को अलग–अलग स्वीकार करें तो आपकी अति कृपा होगी। ऋषियों ने अग्रसैन की बात पर विचार किया और जिन ऋषियों ने गोद लेने की इच्छा जताई। उनको गोद देने की विधी– विधान से पूजा कराके महाराजा अग्रसैन और माधवी ने पुत्र वधूओं के साथ उनको गोद दे दिया। प्रजा की स्वीकृति लेकर ही सभी कार्य सपंन्न हुआ जो पुत्र जिस ऋषियों को गोद दिये उनका विवरण गोत्र सहित नीचे प्रस्तुत हैः

	गोत्राधिपर्ण	ऋषि	गोत्र	वेद	शाखा	प्रवर	सूत्र
1.	पुश्पदेवगुलावी	गर्ग जी	गर्ग	यर्जुवेदी	माधूनी	पञच	कात्यानी
2.	गेंदुमल	गोभिल	गोयल	–	–	त्रिप्रवर	–
3.	कर्णाचन्दर	कश्यप	कुच्छल	सामवेदी	कोत्थकी	–	गोभिमल
4.	मणिपाल	कौशिक	कसंल	यर्जुवदी	माधूनी	–	कात्यानी
5.	बष्द देव	वशिष्ट	बिंदल	–	–	–	–
6.	बनवदेव	धौम्य	धारण	–	–	–	–
7.	सिन्धू पति	शाण्डिल्य	सिंघल	सामवेदी	कोत्थकी	–	गौतम
8.	जैत्र संघ	जैमिनी	जिंदल	यर्जुवेदी	माधूनी	–	कात्यानी
9.	मंत्रपति	मैत्रय	मित्तल	–	–	–	–
10.	तम्ब्रोलकर्णा	तांडव	तिंगल	–	–	–	–
11.	ताराचन्द	तैतिरेय	तायल	कृष्णा यर्जु	आयुस्तंभ	–	–
12.	वीरमान	वत्स	बंसल	सामयर्जुर	कोत्थकी	त्रिप्रवर	गोभल
13.	वासुदेव	धन्यास	भंदल	यर्जुवेदी	माधूनी	–	कात्यानि
14.	नारसेन	नागेन्दर	नंगर	सामवेदी	कोत्थनी	–	गोभिल
15.	अमष्तसैन	मान्डव्य	मंगल	यर्जुवदी	शाकल्य	–	अश्वालायन
16.	इन्द्रंमल	औवं	एरण (अहरन)	–	माघवी	–	कात्यानी
17	माधवसेन	मुदगल	मधुकल (मुदगल)	–	शाकल्य	–	अश्वालायन
18	गोधर	गौतम	गोयनका	–	माधूनी	–	कात्यनि

यह गोत्र महाराजा अग्रसैन के न होकर ऋषियों के क्यों हैं। विवरण पीछे दिया हैं:

गोत्र – जो गोत्र अपभ्रन्स या अपनी–अपनी प्रादेशिक भाषा में कुछ तोड़–मरोड़ कर बोले जाते हैं निम्नलिखित हैं:

गर्ग – गर, गर्ग, गरग, गरवाल, गावल

गोयल – गोयल, गोइल, गमिल, गोहिन

बंसल – बासल, वांशल, बशल, बसिल, मासेल

कन्सल – कन्सल, कान्शल, कसिंल, कोसल, कन्छल

सिहँल – सिंगल, सीगल, सगंल, सेगल, सिंघल, सहगल

मंगल – मगल, मन्डल, मांडव, मांडव्य

जिन्दल – जिन्दल, इन्दल, जावहि, भैजन, जेमिनी

तिगँल – तिगंल, ताण्डेया

ऐरण – ऐरण, ऐरन, येरन, ओरण, एरम्ब

धारण – धारण, धेरण, धेरन, धरेन, धान्याश

मुदगल – मधुकुल, रोन, टेरन, टेलण, ढालन, मुदगल, तेरन, मोहन

बिन्दल – बिन्दल

मित्तल – मीतल, मैतल, मेथल, महवार

तायल – दंगल, तागल, ताईल, तिगंल, दीगल, अढगल, डीगंल, तुगल, तितल, तुन्दिल, तुगल, तुगाल, तुन्दल, नितुदन, तेतरीय

भदंल – भदंल, मुद्दल, मदल, भिन्दल, बुगल

नागर (नागंल) – नागले, नागर, नागिल, नागेन्दर

कुच्छल – कश्यप, कोशिक, कच्छल

गोयन्का – गोयन, गोइन, गोन, गोण, गवन

महाराजा ने जब अपने सभी पुत्रों को गोद दे दिया तो यह अग्रवाल कैसे कहलाये

महाराजा का राज्य 18 जनपद (जिलों में) अलग–अलग लड़कों की देख–रेख में विभाजित काम देखने तथा सभी कार्य सुचारु रुप से चलाने हेतु 18 जनपदों के 18 अग्रपाल नियुक्त किये। वे महाराजा के अठारह पुत्र थे। जो सारे समाज व सभी निर्णय, निर्विरोध जनता ने बनाये थे। उन्हीं अग्रपालों से अग्रपाल, बाद में अग्रवाल बना। सुप्रतिष्ठित नांगवश से संबधित होने के कारण अग्रवाल नाग पंचमी के दिन सूर्यो की पूजा करते थे। मामा पक्ष होने के कारण वैवाहिक व माँगलिक कार्यों पर अपने द्वार (दरवाजे) पर सर्पों के निशान बनाये जाते थे बाद में यह थापे हाथ की छाप में परिवर्तित हो गये।

अग्रवाल समाज, महालक्ष्मी की कृपा से सारा समाज धन–धान्य, सुख–समृद्धि व दान वीरों की पंक्ति में सब से आगे रहा और आज भी है। इस कुल में गाय, गंगा, गीता, गायत्री व नारी सम्मान और धर्म कार्यों में रुचि आज तक बनी हुई है।

यह समाज गुरु ब्राह्मणों का तथा सभी ऋषि मुनियों की आज भी बड़े आदर के साथ पूजा करता है। यही कारण है इस समाज में आज भी बहुत कम बुराईयां हैं और जैसे फलदार वृक्ष, फल आने पर झुक जाता है। इसी प्रकार अग्रवाल समाज भी नम्र रहता है तथा सामाजिक कार्यों में अग्रसर रहता है।

महाराजा ने, कहते हैं जब 18वां लड़का पैदा करने के लिये अठारवां यज्ञ किया तब महाराजा ने बलि प्रथा बन्द करवा दी थी इसी कारण कहते है बलि (हवीश) की कमी से ही बच्चा अंगहीन हुआ था ऐसा भी मैंने पढ़ा है।

अग्रवाल समाज पर शिव पावर्ती की विशेष कृपा

अग्रवाल आज भी बड़े मेहनती, काम के प्रति लग्नशील एवं उद्यमी होते हैं। ज्यादातर अग्रवाल खाली समय नष्ट नहीं करते। भले ही उन्हें कोई कार्य बिना लाभ का मिले। लेकिन वह बेकार नहीं बैठते हैं। आज भी अग्रवालों का विद्या और धन का वर्चस्व बना हुआ है। जब कभी अग्रवालों पर आपत्ति आती है तो वह अपने आराध्य देव भगवान शिव व महालक्ष्मी, दुर्गा, सरस्वती, सन्तोषी, हनुमान देव जो इष्ट हों की शरण में जाकर अपने बुरे संकट का समय आराम से पार कर लेते हैं। परन्तु बुरे कार्यों से बचते हैं।

महाराजा अग्रसैन ने शिव व पार्वती की बहुत पूजा की। भोले शंकर ने पार्वती सहित शिवरात्रि की पूजा करते समय महाराजा अग्रसैन को दर्शन देकर कहा– आप की सन्तान महाप्रलय तक उत्तरोतर वृद्धि और विकास को प्राप्त करती रहेगी तथा जब तक नीति और धर्म का आचरण करते रहेंगे तथा सभी सन्तान कर्म पर रहेगी जो गल्ला (सन्दूकची) पहिले आपको दी है वह लक्ष्मी व पार्वती की धरोहर जानकर उसपर त्रिशूल का व स्वास्तिक अंकित करके पूजा करनी चाहिए। इससे निरन्तर धन–धान्य, सुख–समृद्धि पूरित होगी और कभी किसी चीज की कमी नहीं होगी। वैश्यों के लिए मांस–मदिरा व नशीली चीजें अफीम, धतूरा, गाँजा आदि का सेवन वर्जित होगा। जो भी वैश्य सर्वप्रथम देवी व देवों का तथा शिव व महालक्ष्मी, गणेश आदि की पूजा करने के बाद गल्ले का पूजन कर गद्दी पर बैठेगा उसके व्यापार में वृद्धि (बढ़ोत्तरी) अवश्य होगी। उसको हर क्षेत्र में बरकत मिलेगी।

विवाह आदि अवसरों पर क्षत्रियों जैसे चिन्ह्–छत्र आदि धारण करने का देवी का अधिकार कैसे प्राप्त हुआ

महाराजा अग्रसैन ने जब अठारवां यज्ञ किया तो पुरोहितों से आग्रह किया कि यज्ञ में बली नहीं दी जावेगी। पुरोहितों ने कहा कि

बलि के बिना यज्ञ सम्पूर्ण नहीं होगा परन्तु महाराजा अग्रसैन ने बलि देना स्वीकार नहीं किया और अपना अटल निर्णय सुना दिया कि भविष्य में यज्ञ में किसी प्रकार की बलि नहीं दी जावेगी। यज्ञ के अधिष्ठता ब्रह्मा जी स्वयं देवताओं के साथ आकर अपना हव्य ग्रहण करेंगे। इसी घोषणा के साथ वे आखें बन्द करके अपने आसन पर बैठ गये व कुल देवी माता लक्ष्मी देवी का आह्वान करने लगे। भक्त की पुकार सुनकर माँ लक्ष्मी ने तत्काल यज्ञ देवी से प्रकट होकर स्वयं ब्रह्माजी का आवाहन किया और हव्य ग्रहण करने का अनुरोध भी किया। ब्रह्मा जी तो स्वयं हिंसा से अप्रसन्न थे वे बलि प्रथा को पसन्द नहीं करते थे। अग्रसैन की इस कार्यवाही और साहसी कदम से अति प्रसन्न हुये और उन्होंने (ब्रह्माजी) प्रकट होकर सभी देवताओं के साथ हव्य ग्रहण किया और आर्शीवाद दिया कि आप और आपकी सन्तती, क्षत्रिय वर्ण छोड़ कर वैश्य होते हुये भी चक्रवर्ती सम्राटों के चिन्ह् धारण करने के अधिकारी होंगे और आने वाले समय में आपका क्षत्रिय राजाओं की तरह ही इतिहास लिखा जावेगा। आपके वंश में आने वाले चक्रवर्ती सम्राट होंगे। देश या विदेश में विवाह या सामाजिक कार्यों में आपको छत्र, चँवर तथा चांदी छड़ आदि धारण करने का देवी अधिकार प्राप्त होगा। यह आर्शीवाद देकर ब्रह्माजी व श्री महालक्ष्मी जी अपने–अपने लोकों में चले गये। इसके बाद नगर में बलि प्रथा बन्द कर आदेश दिया कि अब कोई भी हिंसा नहीं करेगा।

अग्रसेनजी द्वारा समाज के लिए 20 नियम

महाराजा अग्रसैन के समय अग्रवाल समाज ने अपनी जाति के सुधारक के तौर पर 20 नियम बनाये।

1. कृषि तथा व्यापार करना।
2. गोरक्षा तथा सभी पशुओं के प्रति दया भाव।

3. व्यवसाय द्वारा प्राप्त लाभ से सभी जन समुदाय चाहे जिस भी धर्म का हो, की समृद्धि का प्रयत्न।
4. दान देने की वृत्ति (दानशीलता) और लक्ष्मी व गणेश, शिव आदि देवों की यथा संभव उपासना।
5. अहिंसा का पूर्ण रुप से पालन करना।
6. निर्धन व असहायों की सेवा करना।
7. अपने धर्म में आस्था रखना एवं दूसरे धर्मों की निन्दा न करना तथा वेद शास्त्रनुमोदित परंपराओं का पालन करना।
8. शाकाहार खान–पान में शुद्धता और स्वच्छता।
9. भारतीय वेशभूषा व उत्तम आचार–विचार।
10. दुर्गुणों एवं दुर्व्यसनों का त्याग।
11. आर्थिक दृष्टि से कमजोर भाईयों के लिए सभी अनुष्ठानों व विवाह–शादी में भाईचारा, यथा संभव सहायता तथा भाईयों को हीन भावना न होने देना।
12. विद्या उपार्जन तथा ज्ञान पाने के लिए गुरु जिस किसी भी धर्म का हो, श्रृद्धा से आदर करना। विद्वानों का आदर करना।
13. अतिथि सत्कार यथा संभव। यदि अतिथि सत्कार में कुछ कमी हो तो जाकर खुद सत्कार करें।
14. सनातन धर्म, हिन्दू धर्म व भारतीय संस्कृति के आदेशों का पालन करना।
15. रक्त शुद्धता के लिए स्वगोत्र छोड़कर अपनी ही जाति में विवाह संबंध करना।
16. अपनी आय की अपेक्षा खर्च कम करके कुछ बचत करके अपनी आय को चार भागों में बांटना।
    1. दान या गौ पालन में खर्च करना।

2. व्यापार बढ़ाना।
3. गृहस्थी के संचालन में खर्च।
4. भावी आवश्यकताओं के लिये संचयन।

17. सादगी पूर्ण जीवन व सत्य प्रियता, सत्य ही बोलने का प्रयास करना।
18. मित्थभाषता से तथा घमंड से दूर रहकर विनम्रता।
19. साहस एवं दृढ़ संकल्प से अपनी शक्ति को अच्छे कार्य के लिए प्रेरित करना।
20. सामाजिक संगठन के नियमों का पालन एवं उसमें पूर्ण आस्था।

अग्रवाल समाज में बीसे और दस्से किसे कहते थे?

जिन लोगों ने यह सभी 20 नियम अपनाये। उसे कालान्तर में नियमों का पूर्णतः पालन करने वाले को समाज में श्रेष्ठ स्थान दिया जाता तथा उन्हें बीसा कहा जाता था।

जो लोग जातिय नियमों का पालन न कर सुधारवादी होने या लालच में समाज से विद्रोह करते थे, न्यून गुणों का पालन करते या केवल अपना अलग संगठन बनाते। समाज उनका बहिष्कार कर देते थे। उन्हें दस्सा कहा जाता था।

जो लोग समाज के अन्दर रहकर विशेषतः अन्तर्जातीय वैवाहिक सम्बन्धों के फल स्वरुप समाज के विरुद्ध विवाह करने पर समाज से बहिष्कृत कर दिया जाता, ऐसे लोगों को पन्जा (गाटा) कहते थे। समाज में उनका स्थान न के बराबर होता था।

कुछ लोगों में यह किवदन्ती प्रचलित है कि दासियों के पुत्रों को दस्सा कहा जाता था या उनसे भी कनिष्ठ स्त्रियों से संबंध बनाने पर

जो बच्चे हुए उन्हें पन्जा (गाटा) या दस्सा कहा जाता था लेकिन यह सच नहीं लगता।

अग्रवाल समाज से कुछ अग्रवालों ने जैन धर्म अपनाया

धर्म पंथ के आधार पर अग्रवालों का विभाजन।

1. वैष्णव – सनातन धर्म को मानने वाले (बिश्नी भी कहते हैं)।
2. शैव – शेष मतवादी।
3. जैन – बहुत सारे अग्रवाल जैन मत को मानने लगे उसे जैन अग्रवाल (जैनी) कहा जाने लगा।
4. आर्य समाजी (आर्य की विचारधारा में आस्था रखने वाले)।
5. राधा स्वामी संप्रदाय की स्थापना सावन सिंह जी महाराज ने ब्यास में की थी। बहुत सारे अग्रवाल इस मत को मानने वाले हो गये।
6. जैन धर्म में तीन पंथ है।

   1 श्वेताम्बर, 2 पीताम्बर, 3 दिगम्बर।
7. दिगम्बर जैनों के तीन पंथ है

   1 तेरहपंथ (शुद्धस्नात), 2 बीस पंथ (भट्‌टारक), 3 तारण पंथ।

   यह मूर्ति पूजा को आवश्यक नहीं मानते अपने तीर्थकरों की ध्यानस्थ प्रतिमाओं की अर्चना करते हैं।

   श्वेताम्बर में भी दो भेद हैं।

   1 स्थानकवासी, 2 तेहरा पंथी।

   श्वेताम्बर परंपरा के सभी मुनि वस्त्रधारी होते हैं किन्तु दिगम्बर संप्रदाय के क्षुल्लक, ऐल्लक महारक आदि कपड़े पहिने रहते हैं। किन्तु इनके मुनि दिगम्बर रहते हैं। सभी में अन्तर केवल

साधू भेद, साधूचर्या पूजा पद्धति व क्रिया कांड को लेकर है। कहा जाता है कि महाराजा अग्रसैन की नगरी अग्रोहा में एक बार दिगम्बराचार्य लोहाचार्य दक्षिण देश के मद्दलपुर से विहार करके पधारे। उनके प्रवचनों से प्रभावित होकर करीब एक लाख अग्रवालों ने जैन धर्म की दीक्षा ली व काफी लोग उनके साथ निकल पड़े। ये ही लोग धीरे–धीरे राजस्थान आदि देश के सभी प्रांतों में गये और वहीं स्थापित हो गये। आज कोई भी प्रांत ऐसा नहीं जहां अग्रवाल वैश्यों के बड़े–बड़े प्रतिष्ठान धर्मार्थ अस्पताल, विद्यालय, महाविद्यालय, अनाथाश्रम, महिलाश्रम, तथा धर्मशाला या अन्नछत न हो।

महाराजा अग्रसैन और अग्रवाल जाति

महाभारत युद्ध से 105 वर्ष बाद अग्रोहा या अग्रजनपद की स्थापना हुई और महाराजा अग्रसैन वहां के प्रतापी राजा थे। उनके राज्य में उस समय एक लाख परिवार रहते थे। आगे चलकर अग्रकुल की परंपरा चली और अग्रवाल समाज के रुप में एक नये गौरवपूर्ण समाज का अविर्भाव हुआ।

महाजन पदों का उदय और विकास।

कालान्तर में भारत के राजनैतिक मानचित्रों पर सोलह जनपदों का उत्कर्ष हुआ। यह काल महात्मा बुद्ध से भी 150 – 200 वर्ष पूर्व का था। इस काल में अहिच्छत्र (पांचाल), अयोध्या (कौशल) कोशाम्बी और मथुरा जनपदों में अनेक वैश्य राजाओं के राजवंशों ने शासन किया। इस सबंध में मूलदेव, वायुदेव, विशाखा देव, धनदेव, बृहस्पति मित्रा, वरुन मित्रा, अश्वघोष मित्र, उत्तम दत्त, रमादत्त, शिवदत्त, भावदत्त आदि अनेक राजाओं का उल्लेख मिलता है। अनेक जनपदों में वैश्य राज्य या गण राज्य के प्रधान तो नहीं थे किन्तु राज्य के

मंत्रीमण्डल में उनका पूर्ण स्थान था। धन और धान्य संपन्नता के कारण वे राज्य को आवश्यकता पड़ने पर सहायता भी करते थे। मोहनजोदड़ो तथा हड़प्पा सभ्यता भारत की प्राचीन सभ्यता के अवशेष मोहनजोदड़ो तथा हड़प्पा सभ्यता में मिले है। इस सभ्यता से प्राप्त अवशेषों से उस समय के वैश्य समुदायों (वर्णिकों) की आश्चर्यजनक प्रतिभा का परिचय मिलता है। उस समय वैश्यों ने जिन नगरों का निर्माण कराया था। वैसे वैज्ञानिक ढंग से बने नगर विश्व में अन्यत्र नहीं मिलते। उस समय के नगर आज के श्रेष्ठ माने जाने वाले न्यूयार्क, पेरिस, लंदन आदि नगरों से भी कहीं अधिक व्यवस्थित थे। उनमें जल निकास, सप्लाई आदि की व्यवस्था इन नगरों से कहीं अधिक अच्छी व स्वच्छ और वैज्ञानिक थी। ललित कला, शिल्पकला और निर्यात व्यापार अपनी पराकाष्ठा पर थे तथा मानव निर्मित बंदरगाहों से पूरे विश्व को सोने–चाँदी के गहनों से लेकर पीतल के बर्तनों तक अनेक वस्तुओं का निर्यात किया जाता था। उनकी नाप–तोल तथा दशमलव प्रणाली अत्यन्त विकसित थी। उल्लेख के अनुसार 2000 ई॰ पूर्व यहूदी नरेश सुलेमान ने चन्दन तथा हाथी दाँत के सामान तथा बहुमूल्य वस्त्रों का भारतवासियों से पर्याप्त मात्रा में आयात किया था। मेसोपोटामिया, बेबीलोन तथा सीरिया आदि देशों में भारतीय व्यापारियों के कार्यालय खुले हुये थे, जहां भारी मात्रा में उद्योग व्यवसाय का संचालन होता था।

कृत्रिम बन्दरगाहों का सृजन, पानी का कृत्रिम ढंग से नियंत्रण तथा रसायनों का निर्माण, अद्भुत भवन निर्माण कला तथा नये–नये औजारों का आविष्कार उनके प्रतिभा कौशल को प्रकट करता था।

जैन तथा बौद्ध धर्म काल

700 ई॰ पूर्व तक भारत के वणिक वैदिक धर्म का पालन करते आये थे किन्तु 600 ई॰ पूर्व भारत में जैन तथा बौद्ध धर्म का उदय

हुआ। इन धर्मों के काल में भी वैश्य समाज की परम्परा अक्षुण बनी रही। उस समय के साहित्य से पता चलता है कि तत्कालीन समय में अनेक वैभवशाली वैश्य विद्धमान थे। उनके पास अपार सम्पत्ति तथा वैभव था। उपासुक नामक एक जैन ग्रंथ में आनन्द नामक एक वैश्य का उल्लेख मिलता है। जिससे उस समय वैश्यों की प्रतिष्ठा का अनुमान लगता है। इस आनन्द नामक वैश्य का उस समय का 4 करोड़ (जिसकी आज के युग में गिनती असंभव है) सोना ऋण के रुप में बंटा हुआ था और 4 करोड़ का सोना करीब (4 लाख टन सोना) भूमि आदि में लगा हुआ था, उसके पास 40 हजार गायें–भैंसे थीं। 500 गाड़ियाँ विदेश में तथा उतनी स्वदेश में व्यापार के लिए चलती थीं। उसके पास 4 बड़े जलयान विदेशों में तथा 4 जलयान स्वदेश में व्यापार में लगे रहते थे। इस काल में श्रेष्ठी वर्ण और नगर सेठ जैसे संस्थानों का विकास होने लगा था और समाज में उन्हें उच्च प्रतिष्ठा प्राप्त थी। इस युग के साहित्य से पता चलता है कि उस समय श्रेष्ठी चत्वरों के बड़े–बड़े समूह थे। बौद्ध मठ एवं तक्षशिला, नालन्दा जैसे बड़े विश्व विद्यालय उनके अनुदान से चलते थे। उन्हें समाज में श्रेष्ठि महाजन तथा गृहपति की संज्ञा प्राप्त थी।

मृच्छकाटिक नाटक में राजधानी के बीच श्रेष्टी चत्वा का उल्लेख मिलता है। इस श्रेष्टी चत्वर में धन कुबेर लोग रहा करते थे। भारत के सभी प्रधान केन्द्रों में उनकी कोठियां थीं। नाना प्रकार के जवाहरात, रेशमी और मूल्यवान वस्त्रों का उनका व्यवसाय था, आवश्यकता होने पर राजधिराजों को भी उनसे ऋृण लेना पड़ता था।

जातक में अनेक ऐसे श्रेष्टीयों का उल्लेख मिलता है जिन्होंने भिक्षु संघ राज्य तथा समाज को करोड़ों रुपयों का दान प्रदान किया था। मगध निवासी एक सेठ द्वारा भिक्षु संघ को उस वक्त 80 करोड़ जिसकी कल्पना कम से कम 80 लाख करोड़ तो होगी, कास्यपणा

दान का उल्लेख मिलता है। इसी प्रकार भृंगार श्रेष्टी की कथा में तथा विशाखा द्वारा श्रावस्ती में 9 करोड़ की लागत से बुद्ध के लिए चैत्यालय स्थापित करने का विवरण मिलता है।

बौद्ध तथा जैन काल में इन्हीं (वार्णिकों) ने विदेशों में भारतीय सभ्यता तथा संस्कृति के प्रचार–प्रसार में बहुमूल्य योगदान दिया था। उन्होंने भारतीय धर्म दर्शन और विज्ञान से संबधित हजारों ग्रंन्थों का अनुवाद कराया जो आज भी वहां उपलब्ध है। इस काल में वैश्यों का प्रभाव इतना अधिक बढ़ा हुआ था कि राजाओं का चुनाव भी वैश्यों द्वारा ही किया जाता था। इस काल में जैन तथा बौद्ध धर्म के उत्थान में वैश्यों का महान योगदान रहा। वैश्यों और शिल्पियों के विशाल संघ बने और वैश्यों ने भिक्षु बनकर देश–विदेश में धर्म प्रचार किया। बुद्ध के प्रथम 500 सदस्यों में 40 सदस्य वैश्य ही थे जिन्होंने भारी सख्या में तीर्थों, स्तूपों तथा मन्दिरों का निर्माण करवाकर अपनी दान वीरता तथा उदारता का परिचय दिया था।

ईस्वी सन् से लगभग 350 वर्ष पूर्व अर्थशास्त्र की रचना हुई। इस अर्थशास्त्र में कौटिल्य ने जो वर्णन किया है उससे पता चलता है कि भारत के वैश्य लोग उस समय नाना प्रकार के सुन्दर कशीदाकारी किये गये वस्त्रों, हीरे–जवाहरात एवं सुगंधित द्रव्यों का व्यापार करते थे।

वैश्य साम्राज्य तथा मोर्यकाल

वैसे तो भारतीयों ने देश–देशान्तर में अपने व्यवसाय एवं उद्योग की धाक जमा अंतर्राष्ट्रीय ख्याति प्राप्त कर ली थी। किन्तु उनकी महत्वकांक्षा केवल व्यवसाय तक सीमित नहीं थी अपितु उन्होंने राजनैतिक क्षेत्र में भी अद्भुत प्रतिभा का परिचय दिया और अनेक राज्यों की स्थापना कर अपना बल–वैभव और पराक्रम प्रदर्शित किया।

नन्द की माँ वैश्य थी। राधा, यशोदा के सगे भाई बृषभानु वैश्य की पुत्री थी। इस प्रकार का उल्लेख मिलता है। इसी प्रकार कृष्ण को पराजित किये जाने की गाथा वैश्यों द्वारा क्षत्रियों को परास्त करने की गाथा से जुड़ी है।

चाणक्य नीति

आज से करीब 2300 साल पहले पैदा हुये चाणक्य, चन्द्रगुप्त मौर्य के गुरु थे। चाणक्य, राजनीति और अर्थशास्त्र के पहले विचारक माने जाते हैं। पाटलीपुत्र (पटना) के शक्तिशाली नन्द वंश को उखाड़ फेंकने और अपने शिष्य चन्द्रगुप्त मौर्य को बतौर राजा स्थापित करने में चाणक्य का अहम योगदान रहा। ज्ञान के केंद्र (तक्षशिला) विश्वविद्यालय में आचार्य रहे चाणक्य, राजनीति के चतुर खिलाड़ी थे और इसी कारण उनकी नीति कोरे आदर्शवाद पर नहीं बल्कि व्यवहारिक ज्ञान पर टिकी है। आगे दिये जा रहे कुछ उदाहरणों में भी चाणक्य नीति की इसी विशेषता के दर्शन होते हैं।

1. किसी भी व्यक्ति को जरुरत से ज्यादा ईमानदार नहीं होना चाहिये। सीधे तने वाला पेड़ ही पहले काटा जाता है और बहुत ज्यादा ईमानदार लोगों को ही सबसे ज्यादा कष्ट पहुंचाया जाता है और सबसे ज्यादा कष्ट सहने पड़ते हैं।
2. अगर कोई साँप जहरीला नहीं है तब भी उसे फुंफकारना नहीं छोड़ना चाहिये। उसी तरह से कमजोर व्यक्ति को भी हर वक्त अपनी कमजोरी का प्रदर्शन नहीं करना चाहिये।
3. सबसे बड़ा गुरुमंत्र कभी भी अपने रहस्यों को किसी के साथ साझा मत करो, यह प्रवृति तुम्हें बर्बाद कर देगी।
4. हर मित्रता के पीछे कुछ स्वार्थ अवश्य छिपा होता है। दुनिया में ऐसी कोई दोस्ती नहीं जिसके पीछे लोगों के अपने हित न छिपे हों, यह कटु सत्य है।

5. दिल से प्यार रखने वाले लोगों को दुःख भी झेलने पड़ते हैं। दिल में प्यार पनपने पर बहुत सुख महसूस होता है मगर इस सुख के साथ एक डर भी अन्दर ही अन्दर पनपने लगता है। खोने का डर, अधिकार कम होने का डर आदि– आदि। मगर दिल में प्यार पनपे नहीं। ऐसा तो हो नहीं सकता। तो प्यार पनपे, मगर कुछ समझदारी के साथ। संक्षेप में कहें तो प्रीति में सावधानी (चालाकी) रखने वाले ही अंततः सुखी रहते हैं।

6. ऐसा पैसा जो बहुत तकलीफ के बाद मिले। अपना धर्म ईमान छोड़ने पर मिले या दुश्मनों की चापलूसी से उनकी सत्ता स्वीकारने से मिले। उसे स्वीकार नहीं करें और उस पैसे को कभी लेने की उत्कंण्ठा न हो, उस पैसे के लिए कभी प्रयास न करें।

7. नीच प्रवृति के लोग दूसरों के दिलों को चोट पहुंचाने वाले तथा विश्वासों को छलनी करने वाली बातें करते हैं। दूसरों की बुराई कर खुश होते हैं। मगर ऐसे लोग अपनी बड़ी–बड़ी और झूठी बातों के बुने जाल में खुद भी फंस जाते हैं। जिस तरह रेत के टीले को अपनी बांबी समझकर सांप घुस जाता है और दम घुटने से उसकी मौत हो जाती है। उसी तरह से ऐसे लोग भी अपनी बुराईयों के बोझ तले दबकर मर जाते हैं।

8. किसी को जल्दी में कोई विश्वास न दो। बड़ा सोच समझकर कर विश्वास दो। अगर किसी को विश्वास दे दिया तो उसको कभी मत तोड़ो और किसी का एक दम विश्वास मत करो। यदि विश्वास करो तो ऐसा उपाय रखो ताकि विश्वास टूटने पर कैसे बच सकते हैं।

9. प्रश्न– कोई सेवा या दान या किसी पंडित व साधू को खाना खिलाना या मन्दिर में देवताओं या पितरों के प्रति भोजन निकालना सब दान में शामिल है परन्तु दान के साथ दक्षिणा क्यों दी जाती है इसका क्या महत्व है।

उत्तर– जो भी दान दिया जाता है उसके साथ दक्षिणा इसलिये दी जाती है क्योंकि दान की भार्या का नाम दक्षिणा है। दक्षिणा के बिना दान अधूरा है। दान तभी सार्थक है, जब दक्षिणा दी जाती है। महाराजा हरिश्चन्द्र ने सब कुछ विश्वामित्र को दान कर दिया। बाद में दक्षिणा के लिए स्वयं व रानी को व लड़के को बेचकर दक्षिणा दी। तभी किया हुआ दान सार्थक हुआ।

मोर्य साम्राज्य का संस्थापक चंद्रगुप्त था। चंद्रगुप्त के नाम में गुप्त उपाधि का होना उसके वैश्य (गुप्त) होने का परिचायक है। गिरनार पर्वत से मिले एक प्राचीन शिला लेख से पता चलता है कि चंद्रगुप्त मोर्य का विवाह एक वैश्य कन्या से हुआ था और उसके सोल का नाम पुष्प गुप्त था। जो वैश्य वंशी थे। इतिहास का प्रथम प्रतापी सम्राट वैश्य कुलोत्पन ही था। उसने न केवल यूनानियों को पराजित किया अपितु उनके शासक सैलुकस को पराजित कर उसकी पुत्री हैलेना से विवाह किया। सैलुकस ने मगध राज्य में अपने एक दूत मैगस्थनीज को नियुक्त किया था। उसके वर्णनों से चद्रंगुप्त के महान साम्राज्य का पता चलता है।

मैगस्थनीज ने लिखा है कि उस समय देश में भरण–पोषण के प्रचुर साधन, उच्च जीवन स्तर, विभिन्न कलाओं का अभूतपूर्व विकास और समाज में ईमानदारी अग्रवाल वैश्यों के कारण ही थी। इसी मोर्य वंश में बिम्बसार, महासम्राट अशोक जैसे महाप्रतापी राजा उत्पन्न हुये, जिन्होंने श्रेष्ठ शासन तथा प्रजा वत्सलता द्वारा भारतीय शासन का विशेष स्थान प्राप्त किया। महाराजा अशोक ने बौद्ध धर्म एवं सत्य तथा

अहिंसा के प्रचार–प्रसार के लिए जो कुछ किया, सर्व विदित ही है। उसने स्वयं अपना विवाह विदिशा की एक वैश्य कन्या श्रेष्टी से किया था। एक शिला लेख में प्रभावती गुप्त का धारण गोत्र का उल्लेख मिलता है जो इसी तथ्य को प्रमाणित करता है कि धारण गोत्रीय अग्रवाल ही थे क्योंकि धारण गोत्र अग्रवालों में ही होता है। इसके अलावा शासकों के वैवाहिक सबंध, वर्द्धन और नागवंश से होना, वहां खुदाई से प्राप्त मुद्राओं पर अग्रवालों में पूजनीय लक्ष्मी–विष्णु, कुबेर, गरुड़ आदि के चित्र अंकित हैं। मुद्राओं पर श्री महालक्ष्मी, गरुड़, विष्णु कुबेर, शिव आदि के चित्र होना उनकी दान प्रियता, उदार दृष्टिकोण, धर्म के प्रति रुचि, शुद्ध सात्विक पवित्र जीवन, भारतीय सभ्यता एवं संस्कृति के प्रति लगाव, लोक कल्याणकारी प्रशासन तथा महाराजा अग्रसैन के समान ही इस वंश के राजाओं के नाग वंश के साथ वैवाहिक संबंध, तत्सम उदारवादी, समाजवादी परंपरा आदि से स्पष्ट जाहिर होता है कि गुप्तवंशी सम्राट निश्चित रुप से वैश्य अग्रवाल ही रहे हैं। इसके अलावा गुप्त वंशजों का उदय उत्तरी भारत माना जाता है। अग्रसैन जी का राज्य भी हिमालय से गँगा–जमुना तक, पश्चिम में मारवाड़ पूर्व में आगरा तथा अग्रोहा से पेशावर तक था। इससे उनके अग्रवंशी होने का परिचय मिलता है। श्री गुप्त ने महाराजा की पदवी धारण की थी। उनका शासन 275 से 300 ई॰ माना जाता है उनका पुत्र घटोत्कच का काल लगभग 300 ई॰ से 319ई॰ तक माना जाता है।

इस वंश में महान प्रतापी राजा सम्राट चन्द्रगुप्त प्रथम 320 ई॰ से 335 ई॰ तक हुआ। जिसने महाराजधिराज की उपाधी धारण की और पाटलीपुत्र वैशाली सहित बिहार, उत्तर प्रदेश तथा बंगाल के अनेक भागों को मिलाकर राज्य का विस्तार किया। उसने अपने नाम से गुप्त संवत का प्रर्वतन किया व स्वर्ण मुद्राओं का प्रचलन किया।

समुद्रगुप्त, चन्द्रगुप्त प्रथम का यशस्वी पुत्र समुद्रगुप्त हुआ जिसने समुद्र में दिग्विजय पताका फहराकर अकथ पराक्रम का परिचय दिया। उसे भारतीय इतिहास का नेपोलियन कहा जाता है। उसने सैकड़ों राज्यों पर विजय प्राप्त करते हुये लगभग 3000 मील की यात्रा की। इससे भी अधिक दिग्विजय यात्रा की। वह एक बार भी पराजित नहीं हुआ और न ही कभी रणक्षेत्र से कदम पीछे हटाया।

चन्द्रगुप्त द्वितीय स्वर्ण युग कर्ता

समुद्रगुप्त के बाद चन्द्रगुप्त द्वितीय हुआ। जिसने 36 वर्ष तक शासन किया। वह वही चन्द्रगुप्त था जो इतिहास में विक्रमादित्य के नाम से प्रसिद्ध हुआ। जिसकी न्याय प्रियता की गाथायें आज भी प्रचलित हैं। समुद्रगुप्त के बड़े बेटे भतृहरि गुप्त गद्दी पर बैठे लेकिन एक महान साधू के शिष्य हो गये और विक्रमादित्य को गद्दी सौंप दी। इस इतिहास में एक नये युग के प्रवर्तन का श्रेय प्राप्त हुआ। महाराजा युधिष्ठर ने भी युग सवंत चालू किया जो अधिक दिनों तक न चला। उसके बाद समुद्रगुप्त का संवत भी ज्यादा नहीं चला तो विक्रमादित्य ने महाराजा अग्रसैन की जन्म तिथि को आधार मानकर पुनः संवत चालू किया जो आज तक चलता आ रहा है। महाराजा अग्रसैन का जन्म चैत्र शुक्ल प्रतिपदा को हुआ था, उसी आधार से विक्रमी संवत शुरु होता है।

इस काल को स्वर्ण युग इसलिये कहा जाता है क्योंकि इस काल में सामाजिक, आर्थिक, राजनैतिक, धार्मिक, सभी दृष्टियों से भारतीय राजनीति का राज था। इस काल में विज्ञान, कला, सभ्यता, संस्कृति सभी क्षेत्रों में अमूर्त प्रगति हुई। इस काल के बारे में कवि कालिदास ने लिखा है– रघू समुद्रगुप्त और चन्द्रगुप्त के सम्मिलित तेज पुंज के शासन में बिहार के लिए निकली हुई व राज में मदाधिकार से निद्रगत नर्तकियों के वस्त्रों को जब हवा भी छूने का साहस नहीं करती थी,

फिर चोरी के लिये कौन हाथ बढ़ाता। विक्रमादित्य शुरु से ही धार्मिक विचार वाले थे। इनका भानजा गोपीचन्द्र भी एक साधू के कहने पर भृतहरि के साथ ही राज्य त्याग साधू का शिष्य बन गया था, जिसका राज्य बंगाल में था। बाद में गोपीचन्द्र, भतृहरि की गाथायें भी आज तक गाई जा रही हैं।

चन्द्रगुप्त विक्रमादित्य द्वितीय काल में आये चीनी यात्री फाह्यान ने अपनी पुस्तक में लिखा है कि वह विक्रमादित्य शासन काल में चौदह वर्षों तक नगरों, जनपदों, वनों, दुर्गम मार्गों, पथों पर भ्रमण करता रहा किन्तु एक बार भी चोर या डाकुओं का सामना न हुआ। फाह्यान के वर्णन से चन्द्रगुप्त विक्रमादित्य के राज्य का जो रुप निखरता है वह भारत के अग्रवाल वैश्यों के अनुरुप है। उसके अनुसार चन्द्रगुप्त विक्रमादित्य के राज्य में बहुसंख्यक बल्कि पूरी जनता सुख से जीवन निर्वाह करती थी, किसी को भी न्यायाधीश के सामने नहीं जाना पड़ता था। राजा अपने शासन में किसी अपराधी को मृत्यु या शारीरिक दण्ड नहीं देता था। केवल अपराधियों पर जुर्माना किया जाता था। हर मुकद्मे की वास्तविक स्थिति के अनुसार यह जुर्माना कम या ज्यादा होता था। कई बार राजद्रोह या प्रजा को हानि करने वालों का दुस्साहस करने वालों का केवल दाहिना हाथ काट दिया जाता था।

राज्य में बहुत ही कभी ऐसे केस हों। नहीं तो कभी कोई अपराध ही नहीं करता था। सत्य व अहिंसा का साम्राज्य था। इसीलिये इस काल को र्स्वण युग कहा जाता था।

अन्य गुप्त वंशीय सम्राट

चन्द्रगुप्त विक्रमादित्य के बाद गुप्त वंश में कुमार गुप्त, स्कन्दगुप्त, नरसिंह गुप्त, बुद्धगुप्त, भानुगुप्त, तथागत कृष्णा गुप्त, हर्ष गुप्त, जीवन्त गुप्त हुये।

कुमार गुप्त – कुमार गुप्त द्वितीय आदि अनेक शासक ने राज्य किया। स्कन्दगुप्त ने यवन, बाहिलिक, कुशान आदि विदेशी शक्तियों से लोहा लिया और उन्हें भूमि चाटने को विवश कर दिया। स्कन्दगुप्त ने हुणों पर भी विजय प्राप्त की। कुमार गुप्त द्वितीय ने भी हुणों से लड़ाई की। परन्तु धीरे–धीरे उसके राज्य की शक्ति कमजोर पड़ती गई और गुप्त वंश के शासन का अन्त हो गया।

गुप्त वंश वास्तव में भारतीय इतिहास का स्वर्ण युग था। इतिहासकार वर्नेट के अनुसार भारतीय इतिहास में गुप्तकाल का वहीं स्थान है जो यूनानी इतिहास में पेरीक्लीज और रोमन इतिहास में अगस्ट्स सीजर का है

मिसेह स्मिथ के अनुसार गुप्त सम्राटों का युग निसंदेह सर्वाधिक मानवीय एवं संतोष जनक था, इस युग में विज्ञान, साहित्य, कला संस्कृति, अर्थ, धर्म सभी क्षेत्रों में पर्याप्त प्रगति हुई। इसी काल में साहित्य जगत में कालीदास का अभिज्ञान शाकुन्तलम, शुप्रक का मृच्छकटिक, विशाखदत्त का युद्राराक्षस, भारवि का किरार्जाज नियम आदि नाटक लिखे गये। विष्णु गुप्त का पंचतत्र जिसका संसार की समस्त भाषाओं में अनुवाद हुआ। इसी काल में लिखा गया तथा इसी काल को दण्डी वाणभट्ट, सुबन्धू जैसे साहित्यकारों ने गौरवन्यित किया। संस्कृत भाषा का अमर कोष लिखा गया। जैन तथा बौद्ध साहित्य के अनेकानेक ग्रन्थों तथा दिव्यावदान की रचना हुई। अश्व घोष के बुद्ध चरित्र तथा सुन्दरान्द जैसे प्रबंध काव्यों का चीनी भाषा में अनुवाद हुआ। योग सूत्रों का योग भाव भी गुप्त काल में ही लिखा गया।

गुप्तवंश में आयुर्वेद

आयुर्वेद के क्षेत्र में धनवन्तरी वैद्य जैसे शल्य चिकित्सक वैद्य भी इसी युग में हुये। बाण भट् ने अष्टांग संग्रह एवं अष्टांग हृदय जैसे

ग्रंथों की रचना की। ज्योतिष क्षेत्र में वैज्ञानिक आर्य भट्ट ने इसी काल में सूर्य तथा चन्द्र ग्रहण के संबंध में वैज्ञानिक दृष्टिकोण का प्रतिपादन किया। भारतीय ज्योतिष के 3 वैज्ञानिक आर्य भट्ट, बाराहमिहिर, तथा बृहमगुप्त ने इसी काल में अपने ज्योतिष ग्रंथों की रचना की। आर्य भट्ट इस युग का पहला वैज्ञानिक था, जिसने पृथ्वी को गोल माना। अपनी धुरी पर घूमना सिद्ध किया। अनेक गणित, बीजगणित, ज्योमेट्रि, त्रीकोणमिति आदि के क्षेत्र में भी आर्यभट् ने मौलिक खोज की। इसी युग में दशमलव सिद्धांत का आविष्कार हुआ। जिसका संख्या शास्त्र में अत्यधिक महत्व है। मूर्ति काल की दृष्टि से इस युग में अपूर्व उन्नति हुई। शून्य का आविष्कार, कागज पर छपाई इसी काल में शुरु हुई।

गुप्तकाल में मन्दिर तथा मूर्तिकाल तथा दान शीलता तथा सभी 33 करोड़ भारतीय देव कहलाये

मूर्तिकाल की दृष्टि से इस युग में अपूर्व उन्नति हुई। इस युग में मथुरा, पाटलीपुत्र, बनारस मूर्ति कला के प्रसिद्ध केन्द्र थे। एलोरा और अजन्ता की विश्व प्रसिद्ध गुफाओं की चित्रकारी भी इसी युग की देन है। इस काल में 300 वर्षों में जैसी सुन्दर मूर्तियों का निर्माण हुआ वैसा विश्व में 5000 साल (पांच हजार साल) में भी नहीं हुआ था। इस युग में सांची हिगावा, सेरन के ऐतिहासिक मन्दिरों की रचना हुई। बौद्धयुग के महाबौद्धि मन्दिरों का निर्माण हुआ। फाह्यान के उल्लेखों से पता चलता है कि गुप्त शासकों ने संपूर्ण देश एवं अफगानिस्तान तक सैकड़ों बौद्ध स्तूपों तथा विष्णु एवं शिव मन्दिरों का निर्माण कराया था। मनुष्यों के लिए ही नहीं बल्कि पशु–पक्षियों के लिये भी चिकित्सालय का निर्माण, इस युग के उदार दान दाताओं, राजाओं द्वारा कराया गया। कला एवं धातु की दृष्टि से महरौली का लौह स्तम्भ इस युग का उत्कृष्ट नमूना है जिसे आज तक जंग नहीं लगा। जबकि लोहा ढालने की कला में यूरोप अनभिज्ञ था। हिन्दू धातु वैज्ञानिकों ने ऐसी

निपुणता से विजय स्तंम्भ को ढाला। जो कि 800 वर्ष की धूप सहने के और वर्षा में खड़े रहने के बाद भी न तो खराब हुआ और न ही जंग लगी। नालन्दा में स्थापित 80 फुट ऊंची ताम्बे से बनी बुद्ध की मूर्ति, धातु विज्ञान उन्नति का एक और प्रमाण है। संक्षेप में गुप्त कला के इस युग में भारतीय सीमाओं का जो विस्तार हुआ, धार्मिक दृष्टि से पारस्परिक सद्भाव, वैसा अन्य युग में संभव नहीं। इस युग का बड़ा योगदान रहा कि भारत आने वाले सभी विजातीय लोग यहां से मैत्री धर्म, करुणा, प्रेम, मानवता आदि गुणों का सन्देश अपने–अपने देश लेकर गये। परिणाम स्वरुप अनेक बर्बर जातियाँ समृद्ध हो गईं और अधिकांश व्यापार मार्ग सुरक्षित हो गये। दुनिया के कोने–कोने में भारत की यश गाथायें गूंजने लगीं। इस परिप्रेक्ष में यह युग अग्रसमाज की अग्रणामिता का प्रमाण है। इसी युग में गुप्त संवत व विक्रमी संवत चालू हुआ। उस समय देश (भारत) की जनसंख्या 33 करोड़ थी। जो पूरी दुनिया के लोग भारतीयों को देवता मानते थे। 33 करोड़ देवों का आहवान् करते थे।

वर्धन वंश

गुप्त काल के बाद अग्रवंशीय वैश्य कुल द्वारा राज्य भार, किसी न किसी रुप में परंपरा अविरत रुप में चलती रही। गुप्त वंश के पतन के बाद 569 ई॰ में वर्धन वंश का उल्लेख मिलता है। मन्दुथीकल्प एवं अन्य ऐतिहासिक प्रमाणों से सिद्ध होता है कि वर्धन वंशी सम्राट गुप्त वंश के दो नाती, दोहित्रे थे और उनका संबंध वैश्य अग्रवाल समुदाय से था। राजगोबीन्द चन्द्र ने उन्हें धारण गोत्री बतलाया जो अग्रवालों का एक गोत्र है। हर्ष चरित्र में भी बाण भट्ट ने हर्ष को वैश्य कुलोत्पन्न बताया है। इस काल में आदित्य वर्धन, प्रभाकर वर्धन, राज्य वर्धन, हर्ष वर्धन जैसे अनेक सम्राट हुये। इनका राज्य थानेसर (कुरुक्षेत्र) था जो अग्रोहा के बिल्कुल समीप है। हर्ष वर्धन का शासन

606 ई॰ से 649 ई॰ तक माना जाता है। कहा जाता है कि वह अत्यन्त उदार एवं प्रतापी सम्राट था। उसने अपने बल और पराक्रम से दक्षिण कौशल जैसे राज्यों पर अधिपत्य स्थापित किया और चक्रवर्ती सम्राट बनने की इच्छा से उसने उत्तर तथा दक्षिण में अनेक राज्यों पर अधिकार कर लिया था किन्तु अन्त में दक्षिण के राजा पुलिकेशी से पराजय का सामना हुआ और पराजय का सामना करना पड़ा। हर्ष वर्धन के समय में चीनी यात्री ह्वानंसाग आया था। उसके उल्लेख से पता चलता है कि हर्ष वर्धन परम विद्या अनुरागी और दानी सम्राट था। हर्ष वर्धन हर चौथे वर्ष कुम्भ पर जाया करता था और अपना सर्वस्व दान दिया करता था। यहां तक कि धोती तथा पहिनने के कपड़े ही अपने पास रखता था। उसके राज्य में बड़े विद्वान सुशोभित होते थे। वर्धन राजाओं का राज्य 700 ई॰ तक रहा इस युग में वैश्य समुदायों ने बड़ी प्रगति की। अधिकांश वैश्यों ने कृषि और पशुपालन तथा उद्योग व्यापार को अपना लिया और धनी वैश्यों ने उद्योग–धंधों पर अधिकार जमा लिया। अंततः वे राज्य सत्ता भी प्राप्त करने में सफल रहे।

बल्लभी वंश

इतिहास में भालवगण के संस्थापक मैत्रक वैश्य ही थे। इनकी ख्याति बल्लभी नाम से हुई। इसी वंश में धन सैन, ध्रुवसैन, महासैन, घरसैन, अग्रसेन, व शिलादित्य, आदि अनेक राजा हुये जिन्होंने 767 ई॰ तक शासन किया।

काकाटक वंश

वैश्य वंश की एक शाखा काकाटक वंश भी थी इसमें बाल टंका प्रवरसैन, भद्रसैन, पृथ्वीसैन, सर्वनाग सर्वसैन, विन्ध्यसैन, देवसैन, हरिसैन जैसे अनेक राजा हुये, जिन्होंने सातवीं सदी के अन्त तक राज्य किया।

नाग वंश

दक्षिण पश्चिम का नागवंश भी वैश्य राज्य था। नागवंशी सम्राट भी वैश्य थे। इस वंश ने करीब 200 वर्ष तक राज्य किया। शेषनाग योगिन, राजचन्दर, धर्मवर्णा, भूतनन्दी, शिशुनन्दी तथा यशनन्दी अनेक महाप्रतापी राजा हुये।

नागवंश के शासन से भारत को मुक्त कराने वाले भारशिव वंश का उदय हुआ। जिसने 815 ई० में अपनी शक्ति संचित कर भारत को विदेशी दासता से मुक्त कराने में योगदान दिया।

मुगल काल

मुगल काल में भी अग्रवालों वैश्यों का महत्वपूर्ण स्थान था। यह ऊंचे पदों पर थे। राज्य के अधिकांश आय–व्यय आदि खानों का उत्तर दायित्व उन्होंने संभाला हुआ था। युद्ध के समय वे ही सेना को रसद (खाने की सामग्री) अस्त्र–शस्त्र एवं वस्त्र पहुंचाने का काम करते थे। उन्हें सेना तथा प्रशासन दोनों में उच्च पद प्राप्त थे। आधुनिक भूमि नाप–तोल प्रणाली के जनक राजा टोडर मल अग्रवाल थे। उन्हें अकबर के नवरत्नों में विशेष स्थान प्राप्त था। उनके राज्य में से ही अग्रवंशी, मधूशास राय, रामप्रताप और राजाराम को भी इस युग में पर्याप्त ख्याति मिली। रामप्रताप की कर्तव्य परायणता से प्रसन्न होकर अकबर ने उन्हें राय साहिब का खिताब प्रदान किया था। लाला राजाराम को भी उसने राजकीय सेवा से प्रसन्न होकर बड़ी जागीर भेंट की थी। मुगल सम्राट शाहजहां काल में रामप्रताप के वंशज इन्दर मान दिवान के महत्वपूर्ण पद पर नियुक्त थे। शाहजहां ने उन्हें राजा का खिताब प्रदान किया था।

मुगल सम्राट रुखशियर के शासन काल में जानसर के निवासी राजा रतनचन्द्र अग्रवाल अत्यन्त प्रभावी मनसबरदार थे। उन्होंने

प्रशासनिक और सैनिक दोनों क्षेत्रों में पर्याप्त प्रतिष्ठा अर्जित की। वे सैयद बन्धुओं के घनिष्ठ मित्र थे, उन्होंने मुगल साम्राज्य के संचालन में महत्वपूर्ण योगदान दिया था। मुगल सम्राट ने उनकी इस कार्य कुशलता से प्रसन्न होकर उन्हें प्रथम दो हजारी फिर पांच हजारी और बाद में राजा की पदवी प्रदान की। उन जैसा प्रभावी मनसबदार मुगल साम्राज्य में अन्य कोई अग्रवाल नहीं हुआ। उन्होंने अग्रवालों के एक नये संगठन का प्रवर्तन भी किया, जो राज वंशी कहलाया।

मुगल सम्राट शाह आलम के शासन काल में 1816 – 1863 में राजा कालीराम (बिहार) के नायब दीवान थे। ब्रिटिश ईस्ट इंडिया कंपनी ने उन्हें राज बहादुर की उपाधि प्रदान की थी। इसी समय दिल्ली के जयसिंह अग्रवाल दीवान के प्रशासनिक पद पर नियुक्त थे। शाह आलम ने उन्हें शाही तोप खाने का हकीम बनाया और उनके वंशज आज भी तोप खाने वाले कहलाते हैं।

महाराजा प्रतापसिंह की हार के बाद (मुगलों की) जब जंगल में थे तो सेठ भामाशाह ने पूरा खजाना, प्रतापसिंह को देकर लड़ाई लड़ने के लिए मुगलों के खिलाफ महाराणा प्रताप की सहायता की।

मेवाड़ के सेठ भामा शाह ने जब जाना कि धन के बिना महाराणा प्रताप मुगलों की सेना से नहीं लड़ पायेंगे (क्योंकि सेना के लिए हथियार तथा रसद पैसे बिना नहीं हो सकती) तब उनकी सहायता के लिए अपना पूरा खजाना दे दिया।

ब्रिटिश साम्राज्य

अंग्रेजों के राज्य में भी अग्रवाल अच्छे पदों पर नियुक्त थे। एक बार सर्वे कराया गया कि यहां (भारत में) सेठ लक्ष्मी नारायण को हमारे मुकाबले कम दाम पर भी माल पहले क्यों मिलता है तो पता चला कि सेठजी बोली छूटते ही तुरन्त पैमेन्ट का भुगतान कर देते हैं। वह सेठ

जी को माल देकर खुश हैं। यह सेठ जी का नियम है, अगर सेठ जी का यह नियम टूट जावे तो माल हमें पहले मिलेगा। इसी को ध्यान में रखकर यहां के गर्वनर के अनुसार सेठ जी को बुलवा लिया और खाली हाथ बातों–बातों में सेठ जी को दूसरे व्यापारियों के साथ बैठा लिया। समुद्र में काफी दूर जाने के बाद समुद्र के अन्दर ही जहाज की बोली शुरु करवा दी। बोली सेठ लक्ष्मी नारायण के नाम छूट गई तो पैमेन्ट फौरन करने को कहा। सेठ जी ने जहाज किनारे ले चलने को कहा परन्तु गर्वनर साहिब के अनुसार उन्होंने एक पत्र लिखने को कहा कि आज में बोली के तुरन्त बाद पैमेन्ट न कर सका। इस पर सेठ लक्ष्मीनारायण ने कहा ऐसा नहीं हो सकता। आपने मुझे अपने जाल में फंसाया है ताकि मेरी बदनामी हो कि सेठ जी रकम को बोली के उपरान्त तुरन्त भुगतान न कर सके। खैर! सेठ जी ने अपनी इष्टदेवी महालक्ष्मी को पुकारा। मां लक्ष्मी ने उनकी सहायता की और सेठ ने समुद्र से ही पैर के सहारे तथा हाथ डालकर पूरी रकम वहीं पैमेन्ट की। तो गवर्नर साहिब बहुत हैरान हुये उन्होंने तुरन्त खोज की कि कहीं कोई नाव पानी के अन्दर तो नहीं थी परन्तु मां की असीम कृपा का किसी और को ध्यान नहीं था। जहाज किनारे पर लाया गया। सेठ जी ने तुरन्त घर से रकम मंगवाकर और ज्यों ही समुद्र में डालने लगे तो गर्वनर ने सेठ लक्ष्मी नारायण का हाथ पकड़ लिया और कहा आप करेन्सी (रकम) समुद्र में नहीं डाल सकते तो सेठ ने कहा हम अपनी बात के पक्के हैं। हमने समुद्र से रकम उधार ली है इसलिये पूरी रकम के साथ एक थैली ज्यादा उसी उधारी (ब्याज) की एवज में देनी है। यदि मैं या हम इस तरह व्यापार में वादा खिलाफी करेंगे तो आगे हमें कौन उधार देगा। इसका ब्रिटिश गर्वनर पर इतना प्रभाव पड़ा कि पूरी वैश्य जाति को यह छूट हो गई कि यह जहां भी गवाही के लिये आयेगा तो वैश्य समुदाय का होने पर कोई इन्क्वारी नहीं होगी। ब्रिटिश साम्राज्य में अग्रवाल वैश्यों का बहुत सत्कार होता

था। परन्तु बाद में जब अंग्रेज, हिन्दुओं पर तथा समाज व आम आदमियों पर अत्याचार करने लगे तो अग्रवाल वैश्य इनके खिलाफ हो गये और अग्रवाल समाज ने उन्हें भारत छोड़ने पर मजबूर किया और बड़ी से बड़ी कुर्बानी दी। अपना सर्वस्व मातृभूमि पर न्यौछावर कर दिया और सभी को साथ लेकर उनको (अंगेजों को) भारत से बाहर निकालने में सफल हुये और एक मिसाल कायम की।

सिख राज्य में अग्रवालों का स्थान

इतिहास से पता चलता है कि सिक्ख राजा पटियाला की गद्दी पर 1765 ई॰ में बैठे तो उन्होंने लाला नन्नूमल को अपना दीवान नियुक्त किया था। लाला नन्नूमल में जहां अदभुत प्रशासनिक योग्यता थी वहां वीरता और सैन्य संचालन में भी वे अनुपम थे। उन्होंने अनेक युद्धों में सफलता प्राप्त की। पटियाला राज्य का विस्तार किया। यहां तक कि उन्होंने दिल्ली में मुगल सम्राट के अधिनस्थ फतेहाबाद, सिरसा, हांसी और हिसार जैसे महत्वपूर्ण नगरों को पटियाला राज्य में मिला लिया था और अग्रोहा की रक्षा के लिए एक किले का निर्माण भी कराया था। जो बाद में एक किले के दरबान की गद्दारी से नष्ट हो गया। उसके अवशेष आज भी अग्रोहा में मिलते हैं। इसी समय लाला नाड़ीमल गुड़ वाला, सेठ पतराम दास भिवानी, बाबू मनोहर लाल शाह बनारस, ला॰ पीरुमल इलाहाबाद, दीवान परती राम तथा राजा शिव प्रसाद बहादुर बिजनौर, ला॰ फतेह चन्द सिरसा, राजा ख्यालीराम बहादुर, राजा परनीमल बहादुर, ला॰ अमिचन्द्र कानूनगोह आदि अनेक विभूतियां हुईं। ला॰ नाड़ीमल गुड़वाला के विषय में प्रसिद्ध हैं कि वह अत्यन्त सम्पन्न रईस थे। करोड़ों रुपये उस समय शाही परिवारों को बिना ब्याज के देते रहते थे। उनकी हुन्डी समस्त भारत में चलती थी और दान–धर्म के क्षेत्र में भी उनका नाम अग्रणी था। उन्होंने स्थान–स्थान पर पशुओं के लिए गुड़ बांटने की व्यवस्था कर रखी थी इसलिये उनका

खानदान गुड़वालों की पहचान, गुड़ वालों के नाम से प्रसिद्ध हो गया। जिस समय मौहम्मद शाह अब्दाली ने मथुरा में लूटपाट मचाई तो गुड़वालों के लाला राधा कृष्णा तथा छीतरमल ने दीन–असहायों की खूब सहायता की और जगह–जगह कुऐं, बगीचे, धर्मशाला आदि बनवाईं, तथा अपनी दान वीरता का परिचय दिया। सेठ पतराम भिवानी अपने समय के सुप्रसिद्ध व्यापारी थे उस समय जबकि यातायात साधनों का अभाव था। देश के कोने–कोने में आपकी 52 कोठियां फैली हुई थीं। आपने ही संवत 1874 में भिवानी मंडी की नींव डाली। आज भी भिवानी में इनके नाम से पतरामदास बाजार और पतराम दास बरात घर विद्यमान है। बाबू मनोहर दास शाह और बाबू भईया साब बनारस के सुप्रसिद्ध खानदानी रईस थे। बाबू भैया साहिब की 1770 में लगभग भारत के प्रधान व्यापारिक केन्द्रों में 52 से अधिक शाखायें थीं। इसी प्रकार बाबू मनोहर दास ने व्यापार व्यवसाय में महान प्रगति की थी। आपको टीपू सुल्तान ने एक कीमती तलवार भेंट की थी। आपका व्यापार उस समय भी कई करोड़ों में था। आपने कलकत्ता में मनोहर दास का कटरा तथा बनारस में बड़ी–बड़ी हवेलियां बनवाकर बड़ा सुयश प्राप्त किया था। ला॰ बद्रीदास कोतवाल ने लारेंस की आज्ञा से फिरोजपुर छावनी को बसाया था। कोतवाल के पद पर कुशलता पूर्वक कार्य करने से उन्हें कोतवाल की उपाधि मिली थी। दीवान पातीराम और दीवान जादेराम मुगल और मराठा शासन के दीवान पद पर रहे और पद की गरिमा बढ़ाने के कारण दीवान की पदवी से विभूषित हुये। ला॰ पीरुमल ने गदर के समय विपत्ति मे फंसे लोगों की मदद की और पर्याप्त नाम कमाया। आपके अनेक सदाव्रत भी चलते थे। दीवान श्री राम अलवर, पंजाब से एम॰ ए॰ की उपाधि प्राप्त करने वाले प्रथम व्यक्ति थे। इनकी बुद्धिमता ने युवराज मंगल सेन बहादुर पर इतना प्रभाव डाला कि उन्होंने आपको अपना दीवान बना लिया तथा आपको ताजिम की उपाधी भी दी। ला॰ फतेहचन्द का

परिवार सिरसा का प्रसिद्ध खानदानी परिवार था। आपने सिरसा को आबाद करने में विशेष योगदान दिया था। आपको प्रतिष्ठा के अनुरुप खजांची पद पर नियुक्त किया गया और आपका परिवार खजांची वालों के नाम से प्रसिद्ध हो गया। आपके पुत्र श्री रामशरण दास ने भी पर्याप्त प्रतिष्ठा अर्जित की।

राजा शिवप्रसाद बहादुर बिजनौर को निजाम सरकार ने इंतजाम में फौजी नियुक्त किया। आपने लुटेरी कौम (पिंडारी) पर विजय प्राप्त कर अपनी अद्‌भुत पराक्रम शक्ति का परिचय दिया था। उससे प्रसन्न होकर बादशाह निजाम ने आपको मसवेहफज हजारी तथा राज बहादुर की उपाधी प्रदान की थी तथा अनेक बहुमूल्य हीरे–जवाहरात भेंट में दिये थे। चौधरी चौखाराम के कार्यों से प्रसन्न होकर औरंगजेब ने उन्हें कानूनगो का खिताब प्रदान किया था। इन्हीं के वंशज श्री दलपत राम से प्रसन्न होकर मुगल सम्राट आलम ने 1776 ई॰ में शाही फरमान प्रदान किया था।

इसी प्रकार लाला हट्‌टी राम जींद स्टेट में दीवान रहे। इनका वहां बहुत प्रभाव था। सेठ मिर्जा मल पोद्दार महाराजा रणजीत सिंह के अत्यन्त विश्वास पात्र व्यक्तियों में से एक थे। महाराजा ने आप से प्रसन्न होकर नगारे का निशान तथा मोतियों का हार भेंट में दिया था। आपने बीकानेर नरेश की भी तत्काल पर्याप्त सहायता की थी और लाखों रुपये उस समय उधार दिये थे। आपकी सेवाओं से प्रसन्न होकर बीकानेर महाराजा ने आपको प्रशस्ति पत्र से सम्मानित किया था और यहां विशेष अधिकार प्रदान किया कि उनके खिलाफ शत्रुओं की कोई बात नहीं सुनी जावेगी और इनके कर्ज की वसूली में सरकार इनकी मदद करेगी और उनके सम्मान में कोई परिवर्तन नहीं होगा। आप अपने समय के बहुत प्रभावशाली व्यक्ति थे। आपने चूरु के उजाड़ प्रदेश के गांवों को बसाकर असीम शोर्य का काम किया था। यहाँ समाज

के लोगों का विशिष्ट प्रभाव ही था कि कट्टर मुस्लिम शासकों को भी उन्हें अपने राज्य में उच्च पदों पर नियुक्त करना पड़ा। परन्तु कट्टर विधर्मियों के शासन में भी हिन्दुओं पर विशेष आंच न आने दी।

मध्यकालीन सुलतानों–बादशाहों और राजाओं के दरबारों में वैश्य–समाज के लोग सेनाओं के संचालन में भी पीछे नहीं रहे। जयपुर, जोधपुर, उदयपुर, प्रतापगढ़, बीकानेर आदि रियासतों में न जाने कितने ही वैश्य मंत्री, मुख्यमंत्री, प्रधानमंत्री आदि पदों को विभूषित करते रहे हैं।

यदि भाग्य ने मुंह न मोड़ लिया होता और हुँमायू की मौत के बाद हुई पानीपत की दूसरी लड़ाई में महाराजा हेमराज विक्रमादित्य की आंखों में तीर न लगा होता तो शायद आज भारतीय उपमहाद्वीप का इतिहास ही कुछ और होता। शेरशाह सूरी के साम्राज्य में एक छोटे से राजस्व अधिकारी के रुप में काम शुरु करके वीर हेमू ने जिसे हेमू बक्काल भी कहा जाता था, सैन्य संचालन व नगर प्रशासन में अभूतपूर्व प्रतिभा का परिचय दिया व शेरशाह के उत्तराधिकारी आदिल शाह सूरी के प्रधान सेनापति बने। इसी वीर सेनापति के नेतृत्व में अफगान सेनाओं से करीब 20 लड़ाईयां लड़ीं और सभी में विजय प्राप्त की। उन्हें अपने बल, पराक्रम और पौरुष के कारण वीर विक्रमादित्य की उपाधि मिली और उस वैश्य बहादुर हेमू को महान सेनापति तथा बाद में प्रधान मंत्री की पदवी मिली।

यही वीर हेमूशाह विक्रमादित्य वीर वैश्य वीर थे। जिन्हें मुगल सेनाओं का काल समझा जाता था। पानीपत की लड़ाई में आंख में तीर लगने से पासा ही पलट गया। अंग्रेजों ने अपने इतिहास में हेमू के बारे में लिखा– हेमु बक्काल अकल का एक बोरा है और उसमें शक्ति का अपार भंडार भरा है।

अंग्रेजी शासन काल में भी अग्रवालों ने विभिन्न क्षेत्रों में अपार प्रतिष्ठा वैभव का अर्जन किया था। पटना और बनारस के राय गोबिन्द एवं उनके यशस्वीपुत्र पटनीमल बंगाले से सेठ अमिचन्द, दिल्ली के सेठ सालिगराम खजांची, ला॰ हर सुख राय जैन, मेरठ के लाला दलपत राम, लखनऊ के शाह गोबिन्द चन्द्र तथा कुन्दन लाल शाह आदि विभूतियों का उल्लेख भी यहां प्रसंग संगत होगा। राय ख्याली राम बहादुर को ब्रिटिश शासन में डिप्टी गर्वनर का पद प्राप्त था और लार्ड क्लाइव ने उनके कार्यों से प्रसन्न होकर उन्हें राजा बहादुर का सम्मान प्रदान किया था। बिहार में गड़बड़ी होने पर पूरा सूबा उन्होंने ईस्ट इंडिया को लीज पर दे दिया था।

ये पटना के दीवान भी रहे। आपके ही पुत्र पटनीमल बहादुर थे। सन् 1803 में मेजर जनरल बैलजाली के साथ अवध, गौहद और ग्वालियर के महाराजाओं के साथ जो संधियाँ हुईं उसमें अपना विशेष योगदान रहा। आप अत्यन्त धार्मिक प्रवृत्ति के थे। आपने कई मन्दिरों तथा तालाबों का निर्माण कराया। मथुरा में 3 लाख की लागत से (उस समय के तीन लाख) सुप्रसिद्ध शिवलाल तालाब तथा बनारस की कर्म नाशा नदी पर पत्थरों का मजबूत बांध बनवाया जिसकी सरकार ने भी बड़ी प्रशंसा की और प्रसन्न होकर आपको राजा की उपाधि प्रदान की। दिल्ली में अब भी पटनीयमल हवेली आपके नाम की पटनीमल गली है।

लाला अमिचन्द मुगल साम्राज्य के पतन के साथ बंगाल के प्रसिद्ध प्रतिष्ठित सेठों में थे। इनका दिल्ली दरबार से गहरा संबंध था। 1636 में जब शाहजहाँ का पुत्र शाह शुजा बंगाल का सूबेदार बना तो आपके पूर्वज भी बंगाल चले आये थे। आपने व्यापार द्वारा इतनी संपति अर्जित कर ली थी कि अंग्रेज व्यापारी आपसे ॠण लेकर बंगाल में अपना व्यापार करते थे। सुप्रसिद्ध कवि भारतेन्दु हरिश्चन्द आपके कुल में ही पैदा हुये थे। इस काल में आपकी दोहरी भूमिका

रही। अंग्रेजी साम्राज्य के प्रारंभ में जहां वैश्य अग्रवालों ने अपने कौशल से अंग्रेजी कंपनियों में स्थान बनाया, व्यापारिक कौशल को प्रकट किया, वहां राष्ट्रीय हित का प्रश्न आने पर इसका विरोध करने में भी संकोच नहीं किया। भारत की स्वत्रतंता के पश्चात भी अग्रवाल समाज की, राजनीति एवं अन्य क्षेत्रों में महत्वपूर्ण भूमिका रही। जिसका विवेचन अग्रवाल समाज की राष्ट्र सेवाओं के अंर्तगत किया गया। वैश्य समाज ने अपने कार्य को पूज्य मान कर अपने कर्म को महान समझकर बड़ी निष्ठा से अपने मालिक जहां का काम किया, विश्वासघात नहीं किया, न ही देश द्रोह किया, न ही अपने स्वार्थ के लिये किसी को धोखा दिया। यह महाराजा अग्रसैन के बताये रास्ते तथा उनका ही आर्शीवाद है।

उद्योगपति कमल नाथ बजाज द्वारा बनिया शब्द की व्युतपत्ति

वैश्य अग्रवालों के लिये वार्णिक (बनिया) आदि शब्दों का प्रयोग किया जाता है। प्राचीन काल में वाणिज्य व्यापार, वाणिक व्यापारी, वाणिक शब्द से बिगड़ कर बनिया बना।

इबटसन ने बनिया शब्द की व्याख्या करते हुये लिखा है। इस समुदाय का उद्योग व्यवसाय बहुत विशाल एवं विस्तृत था। डेवीनियर जब भारत आया तो उसने वैश्य अग्रवालों के बारे में लिखा है कि वैश्य एक जाति है जो अपने व्यवसाय में इतनी दक्ष एवं निपुण है कि यूरोप के यहूदी उसके सामने नौसिखिये हैं। कालान्तर में जब इस शब्द का बिगड़ते–बिगड़ते हीन भावना व कायर व्यक्ति के रुप में इस्तेमाल होने लगा, क्योंकि यह जाति लड़ाई में विश्वास नहीं करती थी।

ला॰ सुखवीर सिंह रईस मुजफ्फर नगर ने अपने प्रयास से उत्तर प्रदेश कौंसिल द्वारा यह फैसला करा लिया कि जनगणना या दूसरे सरकारी कागजातों में बनिया शब्द का प्रयोग निषिद्ध रहेगा। इस बारे में एक रोचक प्रसंग है।

जब लोकसभा में तत्कालीन सांसद स्वर्गीय कमल नयन बजाज को एक सांसद ने चिढ़ाने के लिए उन्हें बनिया कहकर पुकारा तो बजाज साहिब ने उत्तर दिया कि मुझे बनिया होने पर गर्व है। श्री नाथ ने बनिया शब्द का प्रयोग मुझे चिढ़ाने के लिये किया है, परन्तु मैं बनिया शब्द का अर्थ बताता हूँ। बनिया वह होता है जो सबसे बनाकर रखे, सबको अपना बनाकर रखे तथा सब कुछ बना सके। हमारे राष्ट्रपिता महात्मा गाँधी भी बनिया थे। बनिया वही होता है जो निस्वार्थ, लगन व राष्ट्र की सेवा के लिये सब काम बना सके। हमारे शास्त्रों में बनिया को महाजन की उपाधी है। यह 15/03/1966 लोक सभा वाद विवाद में है।

रामायण

लेखक अपनी एक विचार धारा के समाधान हेतु एक बात बार–बार सोच कर भय से काँप जाता है कि जो लोग किसी का अहित करते हैं बदले में उन्हें अभिशाप मिलता है। वह अहित अनजाने में हो या जान–बूझकर, यह श्राप उन्हें भुगतना ही पड़ता है। ऐसे में आदमी क्या करे।

महाराजा दशरथ की दो लड़कियाँ थी। बड़ी लड़की का नाम शान्ता था जो दशरथ ने अपने मित्र चित्ररथ (रोमपाद) को गोद में दे दी थी। रोमपाद के कोई संतान नहीं थी। शान्ता का विवाह रोमपाद ने ऋष्यश्रृंग ऋषि जो विमाण्क ऋषि के द्वारा हिरणी के गर्भ से हुये थे। एक बार राजा रोमपाद के राज्य में वर्षा नहीं हुई तो गणिकायें अपने नृत्य, संगीत, वाद्य, हावभाव आलिगंन और विविध प्रकार के मीठे पकवान तथा उपहारों से मोहित करके ऋष्यश्रृंग को अपने राज्य में ले आईं। ऋष्यश्रृंग ऋषि के राज्य में आते ही वर्षा हो गई और उन्होंने इन्द्र देव का यज्ञ भी करवाया। बाद में उनके द्वारा पुत्र कामेष्ठी यज्ञ रोमपाद ने करवाया जिससे रोमपाद के घर लड़का पैदा हुआ। लड़के

का नाम चतुरंग, रखा। जब ऋष्यश्रृंग ऋषि के पिता आणाडक को पता चला कि ऋष्यश्रृंग को रोमपाद ने धोखे से अपने नगर में बुलाया और उसे प्रलोभन देकर राज्य में रखा है तो वह उसे वापस लाने के लिये रोमपाद के अंग देश पहुंचे। उसके भय और कभी ऋषि श्राप न दे दे। उसने अपनी लड़की शान्ता जो दशरथ जी ने उसे गोद में दी थी का विवाह ऋष्यश्रृंग ऋषि से कर दिया।

बाद में ऋष्यश्रृंग ऋषि ने दशरथ का भी पुत्र कामेष्ठी यज्ञ कराया जिससे दशरथ के भी चार पुत्र हुये। दशरथ की दूसरी कन्या का नाम किकबी था जो दशरथ के यहां शान्ता के बाद हुई थी और राम से बड़ी थी। किकवी का विवाह कम्बोडिया के राजा से हुआ था

जैसे महाराजा दशरथ से अनजाने में, जंगली पशु निर्मल जल को अपवित्र न करदे, इसी आशंका से शब्द भेदी बाण द्वारा श्रवणकुमार मारा गया। बाद में महाराजा ने उसके अन्धे माता–पिता से बहुत माफी मांगी और प्रायश्चित किया परन्तु उन्होंने महाराजा दशरथ को श्राप दिया कि जैसे हम अपने पुत्र वियोग में मर रहे हैं वैसे ही आप भी अपने पुत्र वियोग में तड़पकर मरेंगे।

जब सीता जी बाल्यावस्था में (राजा जनक की पुत्री) अपने बगीचे में घूम रही थीं। वह पक्षियों व पशुओं से बहुत प्यार करती थीं। प्यार की वजह से वह कुछ पक्षियों की बोली भी समझ लेती थीं कि यह क्या बात आपस में करते हैं। एक दिन एक तोता और मैना या (चकवा और चकवी) जैसे भी हो वह पहले श्राप के कारण ऋषि से तोते के रुप में आ गये तथा उसी बगीचे में रहते थे।

एक दिन तोता, मैना से बता रहा था कि जो यह सीता है यह जगत जननी (महालक्ष्मी स्वरुपा) है तथा इसे स्वयं विष्णु अवतार (श्री राम) शादी करके ले जावेंगे। तब इस बगीचे में जो आज शांति,

हरियाली तथा महक है वह इतनी शायद न रहे। इस बात को सीता जी ने सुन लिया और मन ही मन अति प्रसन्न हो जाने और विशेष वार्तालाप के कारण उस तोते और तोती मैना को पकड़वा लिया और सोने के पिंजरे में उनकी सेवा करने लगीं। पक्षी पिंजरे में खुश नहीं रहते। परन्तु सीता के प्रेम की वजह से वह निर्विरोध पिंजरे में सुखी जीवन बिताने लगे। एक दिन तोती गर्भवती हो गई। उसने सीताजी से अपने होने वाले बच्चे के बारे में बताया। समय आने पर तोती तथा तोते ने सीता जी से कहा कि आप हमें पिंजरे से आजाद कर दो और हम अपना बच्चा होने तथा उड़ने लायक होने पर पुनः आपके पास आजावेंगे। परन्तु इससे सीता जी खुश नहीं हुई और कहा कि जब तक मैं आप को अपने हाथों खाना नहीं खिला देती तथा आपको अपनी तथा आपकी वाणी नहीं सुन लेती मुझे चैन नहीं मिलता। मैं आपकी पूरी व्यवस्था करवा देती हूँ और प्रजनन का प्रबंध करा देती हूँ। इस पर उन दोनों ने हाथ जोड़कर विनती की और कहा, हम अपना बच्चा पिंजरे में (कैद खाने में) नहीं करना चाहते। आप हमें बाहर जाने की आज्ञा दें। परन्तु सीता जी ने कहा कि मुझे विश्वास नहीं है कि आप बाद में पुनः लौट कर आ जावेंगे। तोता–तोती ने अनेक बार विश्वास दिलाने की कोशिश की परन्तु सीता जी को विश्वास नहीं हुआ। आखिर में सीता जी ने सुझाव रखा कि मैं तोती को छोड़ देती हूँ, यह बच्चा पैदा होने पर आजावेगी परन्तु तोते को नहीं छोडूंगी इसकी वजह से तोती पुनः वापस आजावेगी। तब सीता जी ने तोती को प्रजनन के लिये पिंजरे से मुक्त कर दिया। तोती ने बाहर आने पर पुनः सीता जी से निवेदन किया कि प्रजनन के समय पति या बच्चे का पिता भी वहां होगा तो ज्यादा अच्छा होगा परन्तु सीता जी ने उसकी एक बात नहीं सुनी और न ही इस बात पर ध्यान दिया न ही विचार करने की कोशिश की।

इस पर मैना (तोती) क्रोधित हो गई और सीता जी को श्राप दे दिया कि आप भी गर्भवती होंगी तो पति से अलग होकर पति वियोग में तड़पेंगी क्योंकि आपने गर्भावस्था में मुझे मेरे पति से अलग किया है। इसी श्राप के कारण ही सीता जी का बनवास हुआ और लव – कुश ऋषि वाल्मिकि के आश्रम में ही पैदा हुये। कहते हैं कि किकबी ने सीता से रावण का चित्र यह कह कर बनवाया था कि आपने रावण देखा है, वह कैसा भयंकर राक्षस था जिससे मेरे भाई तथा पूरी वानर जाति ने युद्ध किया, उसका चित्र बना सकती हो तथा आप उसका एक चित्र बनाकर दिखायेंगी। कहने पर सीता जी ने रावण का चित्र बना दिया। किकबी ने (राम की बहन) अपने भाई राम के पास जाकर शिकायत की कि सीता जी आज भी रावण को चाहती हैं और उसने रावण का चित्र राम को दिखाया। इससे राम ज्यादा दुखी हुये। दूसरा कारण एक दिन राम शहर में घूम रहे थे रात को वेश बदलकर, एक व्यभिचारिणी स्त्री पति से झगड़ने पर कहती है कि काम पीड़ित स्त्री पर पुरुष के साथ भी काम पीड़ा शान्त कर लेती है। यह सुन कर राम के मन में और सन्देह बढ़ गया।

तीसरा कारण धोबी की स्त्री वर्षा के कारण या रास्ता भटकने के कारण रात भर दूसरे घर पर रहने के कारण दोषी होने पर धोबी ने धोबिन को त्याग कर दिया। जिस पर जन समुदाय ने धोबी के निर्णय पर सही की मुहर लगाने पर भी राम को सीता त्यागने की प्रवृति को बल मिला। इसीलिये सीता का त्याग किया गया जो कि उस तोती का श्राप ही था कि जगत नन्दनी सीता जी को वन जाना पड़ा।

एक बार इंद्र एक बहुत बड़े राक्षस का पीछा करता जा रहा था। राक्षस बड़ा क्रूर था, उसका मारना अनिवार्य था। परन्तु राक्षस भागकर एक ऋषि पत्नी के आश्रम (कुटिया) में आकर ऋषि पत्नी के चरणों में गिरकर प्रार्थना कर अपनी जान बचाने के लिये उसकी शरण में आ

गया। ऋषि पत्नी ने उसे अभय दान दे दिया। पीछे से इंद्र ने वहां आकर ऋषि पत्नी से उस राक्षस को बाहर निकालने के लिये कहा परन्तु ऋषि पत्नी ने मना किया कि मैंने इसे आश्वासन दे दिया है इसीलिये में इसको अपने से अलग नहीं करुंगी। लाचार इंद्र विष्णु के पास गये। विष्णु ऋषि पत्नी के पास आये और उन्होंने ऋषि पत्नी को समझाया कि यह राक्षस बड़ा भयंकर है, यह अनेक प्राणियों का संहार कर चुका है, इसलिये इसे मारना जरुरी है। परन्तु ऋषि की पत्नी ने कहा कि मेरे मारे बगैर इसको मैं नहीं मरने दूंगी। लाचार विष्णु को ऋषि पत्नी को मारकर ही राक्षस को मारना पड़ा। बाद में ऋषि जब आश्रम पर आये तो उन्होंने विष्णु को श्राप दिया कि जैसे मैं पत्नी के वियोग में बाकी जीवन पर्यन्त तड़पता रहूँगा वैसे आपको भी अपनी पत्नी वियोग में तड़पना पड़ेगा। इसी वजह और इसी श्राप को उतारने हेतु भी श्री राम ने सीता को बनवास दिया या त्याग दिया।

बहुत सी ऐसी कथायें सुनने में आती हैं कि श्राप द्वारा ऋषियों, देवों, मुनियों व स्वयं भगवान तथा सभी जीवों या मनुष्य व सभी ने समय–समय पर बहुत दुख पाया।

जी, हमने पढ़ी हैं ये रामकथाएं

बीते शनिवार (19 जून 2006) को 'सवांद' पृष्ठ पर मेरा एक लेख प्रकाशित हुआ था सिंगल मदर के रुप में उभरता है, सीता का व्यक्तित्व। इस लेख में मैंने यह बताने की कोशिश की थी कि हमारे समाज में संदेह का अधिकार सिर्फ पुरुष को मिला है। किस तरह सीता को संदेह के कारण तब निर्वासित किया गया, जब वह गर्भवती थी। कमोबेश आज भी स्त्रियों की स्थिति वही है।

लेख में यह भी लिखा था कि समाज सीता के उस रुप को बहुत पसंद करता है, जिसमें वह सिर्फ सुंदर, कोमल और राम के पीछे –

पीछे चलने वाली अनुगामिनी है। लेकिन एक स्त्री के रुप में उनका व्यक्तित्व एक गर्वीली और सिंगल मदर के रुप में ही उभरता है।

कुछ पाठक इससे नाराज हो गए और उन्होंने अत्यंत कटु शब्दों में पूछा कि ये सब मैंने किन किताबों में पढ़ा है? मैं अत्यंत नम्रतापूर्वक बताना चाहता हूँ कि भारत और एशिया के अन्य देशों में 274 तरह की लिखित रामकथाएं प्रचलित हैं, वाचिक रुप और अधिक हैं। हमारे घर के आले में रामायण की जो किताब रखी है या अपने मां – बाप से हमने जो कहानी सुन रखी है, सिर्फ उसी को प्रामाणिक मानने से रामकथा की व्यापकता संकुचित होती है।

बाल्मीकि ने राम को एक महामानव के रुप में चित्रित किया है, वह इस प्रसंग का वर्णन नहीं करते। पर उत्तरकांड में (जिसे बाद में जोड़ा गया माना जाता है) राम–सीता की पवित्रता पर संदेह करते हैं, और कहते हैं कि वे दसों दिशाओं में जहां चाहें जा सकती हैं। उन्होंने उनको केवल अपने नाम के लिए छोड़ा है। सीता के अग्नि परीक्षा देने पर वह उन्हें साथ ले जाते हैं। उत्तरकांड के संकलनकर्ताओं ने इस शुरु की कहानी को बरकरार रखा है। बौद्ध साहित्य अनामकं जातकम् का 251 ई॰ के बाद चीनी अनुवाद हुआ। उसमें सीता के त्याग की कथा नहीं है। पर यह जरुर है कि अयोध्या लौटने पर राम, सीता से अपने परिवार में लौट जाने को कहते हैं। सीता शपथ लेकर अपने को निर्दोष सिद्ध करती हैं और तब राम के वामांग में सुशोभित होती हैं।

विमल सूरि के पउम चरियं में सीता परित्याग का विस्तृत वर्णन मिलता है। लेखक ने बताया है कि राम गर्भवती सीता को चैत्यालय दिखाने ले गए थे। वहां कुछ नागरिकों ने आकर राम से सीता के अपवाद की बात कहीं। राम ने लक्ष्मण से परामर्श किया। लक्ष्मण, सीता त्याग के विरुद्ध थे, पर राम के मन में संदेह था, जिसके कारण

उन्होंने अपने सेनापति से सीता को मंदिर दिखाने के बहाने गंगा पार छोड़ आने को कहा।

रविखेण ने पद्म चरित में सीता को वापस ले लेने के दुष्परिणाम स्वरुप समाज को मर्यादा रहित होता दिखाया। फादर कामिल बुल्के ने देश–विदेश की रामकथाओं के विस्तृत अध्ययन के बाद अपने ग्रंथ 'रामकथा' में सीता निर्वासन के तीन कारण बताए, जिसमें पहला लोकापवाद था, जो बताया जा चुका है।

दूसरा कारण भी लोकापवाद से जुड़ा और काफी प्रचलित रहा है। उसके पीछे धोबी की कहानी है। वह वृत्तांत गुणाधिकृत बृहत्कथा और सोमदेव के कथासरित्सागर में मिलता है। तमिल रामायण तथा गुजराती रामायण सार में भी यही कथा मिलती है। तिब्बती रामायण में एक व्यभिचारिणी स्त्री पति से झगड़ने पर कहती है कि काम पीड़ित स्त्री परपुरुष के साथ भी काम पीड़ा शांत कर लेती है। यह सुन कर राम के मन का संदेह और भी मजबूत हो जाता है और वह घर आने पर सीता को कहीं भी जाने का आदेश देते हैं।

संदेह के कारण सीता को निर्वासित करने की कहानी कश्मीर, सिंहल द्वीप, इंडोनेशिया और कंबोडिया में प्रचलित रामकथाओं में भी है। कृत्तिवास की बांग्ला रामायण में सीता त्याग के तीन कारण जोड़ दिए गए हैं। मित्रों की सलाह, धोबी के मुंह से निंदा और राम की बहन किकबी के कहने पर सीता द्वारा अपनी याद से रावण का चित्र बनाना।

कश्मीरी रामायण में भी राम की बहन के कहने पर सीता रावण का चित्र बनाती है और बाद में वह राम से चुगली कर देती है। संपादक ने मुझे यही सीमित स्थान दिया है। लेकिन इन उदाहरणों से शायद आलोचकों की शंका का कुछ समाधान हो सके।

मार्कण्डेय चिकित्सा पद्धति में रक्तबीज राक्षस कैसरे केंसर का रोग है जिसके दो रुप हैं चण्ड और मुण्ड। चण्ड रक्त कैंसर का रुप है तथा मुण्ड शरीर में बनने वाली गाँठों वाला कैंसर रोग है। मुण्ड तात्पर्य भी गाँठ से है जो रक्त की श्वेत कणिकाओं के जमाव से बनती हैं। कैंसर शरीर में स्थित प्रोटीन कोशिकाओं का तेजी से विभाजन है जिसके कारक रक्तबीज नामक विषाणु हैं। महिषासुर राक्षस ब्लड प्रेशर का रोग है जो काली हरड़ से ठीक हो जाता है। रोग रुपी राक्षसों का संहार करने के लिये दवा रुपी दुर्गा कवच व दुर्गा सप्तशती का चिकित्सा पद्धति के लिए ही प्रयोग किया है। अतः दुर्गा सप्तशदी आयुर्वेदिक अति गुप्त दुर्गा कवच है।

हंसना एक औषधिय क्रिया है

जीवन का एक महत्वपूर्ण आयाम सुख है जिसकी अभिव्यक्ति हंसी है। प्रकृति द्वारा प्रदत्त औषधि के अनेक रुपों में से हंसी को सर्वोत्तम औषधि माना गया है क्योंकि यह चिंता, तनाव एवं अवसाद को कम करती है। हंसी एक प्रकार की वातापेक्षी पीड़ानाशक, स्वास्थ्य प्रोत्साहक एवं शरीर की प्रतिरक्षण क्षमता को बढ़ाने वाली क्रिया है। पाश्चात्य देशों के हंसी उपचार से हमारी हंसी का प्रयोग कुछ भिन्न है। यूरोपीय देशों में हंसी के लिए क्लीनिक की व्यवस्था है, जहां ऑडियो – वीडियो, कॉमिक्स तथा मजाकियां पुस्तकों के माध्यम से हंसी को प्रोत्साहित कर रोग उपचार किया जाता है। हमारे यहां इस प्रकार की व्यवस्था तो नहीं है लेकिन योग संस्थानों में रोग के निवारण के लिए लोगों को हंसने की शिक्षा दी जाती है।

हंसी जीवन के छोटे–छोटे दैनिक तनावों को दूर कर प्रसन्नता देती है। यह चिंता, निराशा एवं तनाव को कम करती है जिससे हृदय रोग, मधुमेह एवं उच्च रक्तचाप की संभावनाओं में कमी आती है, हंसने से शरीर में एड्रिनलिन एवं नॉरएड्रिनलिन के साथ कैटकोलामिन

स्रावित होते हैं जो शरीर में रक्त संचार को बढ़ावा देते हैं। जिससे रोग जल्दी ठीक हो जाते हैं। इस प्रकार गठिया, संधिवात, स्पोन्डिलाइटिस आदि बीमारियों को ठीक करने में हंसना लाभदायक सिद्ध होता है। हंसने से एंडार्फिन एवं एनकेफालिन्स नामक दो प्राकृतिक एंडार्फिन रसायन स्रावित होते हैं जो दर्दनाशक का काम करते हैं। वैज्ञानिक तथ्यों के मुताबिक दर्द निवारण के लिए हंसना सर्वोत्तम औषधि माना गया है क्योंकि दर्द निवारण के साथ यह जीवन में दुःख के समय भी खुशी पैदा कर देती है, शरीर की रोग निरोधक क्षमता को बढ़ावा देती है। यह शरीर में इम्युनोग्लोब्युलिन के स्तर को बढ़ाती है जिसका रोग निरोध में अत्यधिक योगदान रहता है।

दमे की दवा है सूर्य की किरणें

सूर्य की किरणें अर्थात धूप हमें मुफ्त में मिलती है। इसमें अनेक गुण मौजूद हैं जिससे सभी परिचित नहीं हैं। धूप में मौजूद है विटामिन डी। यही विटामिन डी हमारे खानपान से कैल्शियम को ग्रहण करने में हमारी मदद करता है। यह ऐसा कर हड्डियों एवं मांसपेशियों को मजबूती प्रदान करता है। धूप से दिमागी क्षमता बढ़ती है। धूप शुक्राणु बढ़ाती है और यौन शक्ति प्रदान करती है। यह लाभ सूरज की कोमल किरणों से मिलता है। धूप में मौजूद अल्ट्रावायलेट, किरणों से बाह्य त्वचा को नुकसान पहुंचता है। अतएव सूरज की तीखी धूप से बचने को कहा जाता है। हाल ही में एक शोध में सूरज की कोमल धूप में मिलने वाले विटामिन डी में दमा नाशक गुण पाया गया है। यह बच्चों को सांस से बाधित तकलीफ से बचाता है। यह सांस की बीमारी में बच्चों के लिए कवच का काम करता है।

तुलसी एक घरेलू वैद्य

प्राचीनकाल से ही तुलसी को अत्यंत आदरणीय स्थान प्राप्त है।

तुलसी को हरिप्रिया या विष्णु बल्लभा भी कहा जाता है। तभी तो यह घर–घर में श्रद्धा पाती है और प्रत्येक हिंदू सुबह–शाम इसकी पूजा अर्चना करता है। तुलसी में औषधिय गुण हैं। इसमें छोटे–मोटे रोगों से लेकर असाध्य रोगों को जड़ से खत्म कर देने की अद्‌भुत क्षमता है। पर कम जानकारी की वजह से लोग इसके औषधिय इस्तेमाल से दूर रहते हैं। अगर हम इसके कुछ औषधिय गुणों को जान लें एवं उचित उपयोग करें तो लाभ मिल सकता है। दाद, खाज, खुजली, सफेद दाग आदि चर्म रोगों पर तुलसी की ताजी पत्तियों के रस में नींबू रस बराबर मात्रा में मिलाकर लगायें। इससे सभी प्रकार के चर्मरोग ठीक हो जाते हैं। सर्दी, जुकाम, खांसी होने पर तुलसी की ताजी पत्तियों एवं अदरक के रस को शहद के साथ मिलाकर सेवन करें, लाभ मिलेगा। अगर किसी को नकसीर की बीमारी है तो तुलसी की सूखी पत्तियों को सूंघने से नाक से खून का आना रुक जाता है। तुलसी की ताजी पत्तियों को धीरे–धीरे चबाने से दांत दर्द में राहत मिलती है। तुलसी की ताजी पत्तियों के रस को गुनगुना गर्म कर कान में डालें। कान का दर्द तुरंत मिट जाएगा। तनावग्रस्त व्यक्तियों को चाहिए कि वे सुबह–शाम तुलसी की ताजी पत्तियों को दस बार चबा कर रस पियें। इससे राहत मिलती है। तुलसी की ताजी पत्तियों के रस को कपूर एवं शहद के साथ मिलाकर सेवन करने से कफ की बीमारी कुछ ही दिनों में ठीक हो जाती है। तुलसी की सूखी पत्तियों के चूर्ण को मिश्री के साथ सेवन करते से उल्टी (कै) का आना बंद हो जाता है। मधुमेह से पीड़ित व्यक्तियों को चाहिए कि वे खाली पेट नियमित तीन सप्ताह तक तुलसी की पांच पत्तियों को काली मिर्च के साथ सेवन करें। इसके सेवन से मधुमेह (डायबिटीज) ठीक हो जाता है। श्याम तुलसी की पत्तियों एवं बीजों को स्वच्छ जल में महीन पीसकर प्रजनन अंग पर लेप लगाएं। इससे प्रजनन संबंधी रोग दूर हो जाते हैं और प्रजनन अंग सक्रिय एवं सशक्त हो जाते हैं। तुलसी की

पत्तियों से बना अर्क पीने से गोनोरिया के रोगियों को लाभ मिलता है। अगर किसी व्यक्ति को सर्प ने डस लिया है तो उसके जख्म पर तुलसी की ताजी पत्तियों के रस को लगाएं तथा तुलसी की पत्तियां चबाने को दें, इससे विष उतर जाता है।

बचें खान – पान की गलत आदतों से

कुछ लोगों का पाचन तंत्र शुरु से ही कमजोर होता है। नतीजतन पेट में गड़बड़ी होना आम बात हो गयी है। आप भी नित्यप्रति पेट की गड़बड़ी से दुखी रहते हैं। तो नीचे दिए गए बहुमूल्य टिप्स को अपनाकर अपने पाचन तंत्र को मजबूत कर सकते हैं।

भोजन को पूरी तरह से चबायें:– चिकित्सकों की राय में भोजन के अच्छी तरह पचने की शुरुआत होती है मुंह से। क्योंकि अच्छी तरह से चबाया गया भोजन ही ठीक तरह से पच पाता है। अतः धीमे–धीमे चबाते हुए भोजन करके आनंद लें। निगलने से पहले मुंह के कौर को पूरी तरह तोड़ लें। इससे भोजन छोटे–छोटे टुकड़ों में बंटकर लार में मिल जायेगा। ध्यान रखें कि अगला निवाला मुंह में लेने से पूर्व कुछ समय तक विराम अवश्य लें तभी आपका पाचन तंत्र सुचारु रुप से काम करने में मजबूती दिखायेगा।

रुक–रुक कर कई बार भोजन करें:– अक्सर देखने में आता है कि कई लोग एक बार में ही पूर्णतया पेट भर भोजन कर लेते हैं जो बिल्कुल ही गलत होता है। एक–दो दफा में पेट भर खाने से अच्छा है कि ४ – ५ बार थोड़ा–थोड़ा करके खाया जाए तो कहीं बेहतर सिद्ध होगा।

ताजा भोजन करें:– अगर आप चाहते हैं कि आपके भोजन से आपको ज्यादा से ज्यादा फायदा पहुंचे तो इसके लिए आपको भोजन का सही चुनाव करना होगा। बासी खाने से परहेज करना होगा तथा

बेकार सब्जियों से निर्मित खाने की चीजों से उचित दूरी रखनी होगी। और तो और, यदि हमें खाने के साथ सॉफ्ट ड्रिंक लेने की आदत है तो उसे भी झट से बदलना होगा क्योंकि यह पाचन प्रक्रिया पर बुरा प्रभाव डालते हैं। फलस्वरुप अपच होने की शिकायत रहने लगती है।

मसालों के अधिकाधिक प्रयोग से बचेंः–यूं तो शादी वगैरह में हलवाई हमेशा भोजन बनाते समय अधिक मसालों का इस्तेमाल करते हैं परन्तु गृहणियों को सदा इस प्रवृत्ति से बच कर रहना चाहिए क्योंकि यह पाचन प्रक्रिया के लिए घातक सिद्ध हो सकता है। इसलिए कोशिश करें कि भोजन में मसाले की उपस्थिति स्वाद लायक ही हो, इससे अधिक नहीं। वरना पाचन तंत्र को बिगड़ने में जरा भी समय नहीं लगेगा और अपाचन की प्रॉब्लम शुरु हो जाएगी। अतएव अधिक मिर्च के सेवन से परहेज करें।

कुदरती चीजों को उपयोग में लेंः– कहते हैं कि प्रकृति ने हमें बहुत सी चीजें वरदान स्वरुप प्रदान दी हैं जिनका सेवन करके हम अपने पेट को दुरुस्त कर सकते हैं। जैसे–हींग, अजवाइन, सूखी अदरक, त्रिफला, पपीता, इत्यादि। आयुर्वेद के अनुसार उपरोक्त सभी चीजें ऐसी हैं। जो हमारे पाचन तंत्र को मजबूत करती हैं। भोजन को यथा–शीघ्र पचाने में मददगार साबित होती हैं तथा पेट में गैस आदि समस्याओं से निजात दिलाती हैं। इसलिए इन सभी कुदरती चीजों का भोजन बनाते समय खूब इस्तेमाल करें। निस्संदेह, पेट की समस्त बीमारियां स्वतः दूर हो जाएगीं।

आयुर्वेदिक औषधि को प्राथमिकता देंः– यदि कभी–कभार आपका पेट नहीं चाहते हुए भी खराब हो जाता है तो ऐसे बुरे समय में आयुर्वेदिक दवाईयों का इस्तेमाल करना कतई न भूलें। एसिडिटी जैसी समस्या को हल करने में ईनो डाइजिश्योर काफी मदद करता

है। जबकि ताजे अदरक का टुकड़ा नींबू–पानी में लेने से भी पाचन तंत्र का सुधार किया जा सकता है।

हरी सब्जियों और साबुत अनाजों को भोजन में शामिल करेंः– अगर गांव के लोगों को नजर अंदाज कर दें तो हम देखेंगे कि महानगरों के लोग साबुत अनाजों और स्वच्छ एवं ताजी हरी सब्जियों से सदैव वंचित रहते हैं जो पाचन तंत्र को मजबूत करने और सेहत को दुरुस्त करने में अपनी अहम् भूमिका निभाती है।

दुर्गा सप्तशती और उसका रहस्य

अथर्ववेद के बाद इस देवी चिकित्सा का प्रथम प्रयोग मार्कण्डेय ऋषि ने किया। अतः इसे मार्कण्डेय चिकित्सा पद्धति कहा जायेगा। इस चिकित्सा प्रणाली के रहस्य को मार्कण्डेय ने अपने उपदेश में दुर्गा कवच कहा है। इसमें प्रमुख रुप से नौ दुर्गाओं का विवेचन किया है। ये नौ दुर्गा वास्तव में दिव्य गुणों वाली नौ औषधियों के नाम हैं।

प्रथम शैलपुत्री, द्वितीय ब्रह्मचारिणी, तृतीय चन्द्रघंटा, चतुर्थकम कुष्माण्डेती, पचंम स्कन्द मातेति, षष्ठ कात्यायनी, सप्तम कालरात्रि, अष्टम महागौरी त, नवम सिद्धिदात्री च नव दुर्गा प्रकीर्तिता।

ये नौ औषधियाँ प्राणियों के समस्त रोगों को हरने वाली और उन्हें रोगों से बचाये रखने के लिये कवच का काम करने वाली हैं। इनके प्रयोग से तूता विस्फोटकादाय आदि समस्त रोग दूर हो जाते हैं। ''नश्यन्ति व्याधयः सर्वेलूटा विस्फोटकादायः'' इनका (इन सब औषधियों का) सही प्रयोग सब रोगों को दूर कर देता है। ''रोगान शेषान पहंसि तुष्टा'' यह समस्त प्राणियों की पांचों ज्ञानेन्द्रियों व पांचों कर्मेन्द्रियों पर सतत् प्रभावशाली है।

इन्द्रियाणां विष्ठात्री भूतानां अशिलेषु या।
भुतेषु सततः तस्यै व्याप्ति दैव्यै नमो नमः।।

इनके प्रयोग से मनुष्य अकाल मृत्यु से बचकर सौ वर्ष की आयु भोगता है। इन्हें सुख–समृद्धि, सौभाग्य, यश, रुप, बल देने वाली और सभी रोग हरने वाली कहा गया है।

''देहि सौभाग्य आरोग्य देहिं में परमं सुखमी रुपं देहि जयं देहि यशो देहि द्विषों जहिं'' इन समस्त दैविक औषधियों को रक्त में विकार पैदा करने वाले समस्त रोगाणुओं का नाशक कहा जाता है। रक्तबीज बद्ये देवि चण्ड मुण्ड विनाशनि।

वास्तव में देखा जावे तो मार्कण्डेय चिकित्सा पद्धति का मूल आधार रक्त को विकार रहित करना है। इस प्रणाली के अनुसार प्रत्येक प्राणी अपने खानपान रहन – सहन, आचार विचार, मेल मिलाप, व्यवहार, संसर्ग और आवागमन, से प्रभावित होता है। वह प्रभाव कभी दुष्य परिणाम देता है और परिणाम स्वरुप रक्त दूषित हो जाता है तथा उसमें अनेक रोगाणु पलने लगते हैं। ये रोगाणु कभी–कभी कष्ट दायक असाध्य रोग पैदा करते हैं जिसके कारण प्राणी की अकाल मृत्यु हो जाती है। पद्धति के अनुसार इन रोगाणुओं के नाम रक्तबीज, चण्ड–मुण्ड, शुम्भ–निशुम्भ, महिषासुर आदि रोग हैं और इनसे रक्षा का उपाय दुर्गा कवच है।

दुर्गा कवच का विधान निरोग व रोगी दोनों व्यक्तियों के लिये है। निरोग व्यक्ति इस कवच का प्रयोग पूरे वर्ष स्वस्थ रहने के लिए साल में दो बार, चैत्र मास के शुक्लपक्ष तथा आश्विन (आसोज मास के शुक्लपक्ष) यानि नवरात्रों (प्रथम नौ दिनों में कर सकता है) तथा रोगी व्यक्ति को स्वास्थ्य लाभ करने तक इसका प्रयोग करना पड़ता है। दुर्गा कवच में वर्णित प्रधान नौ औषधियों में प्रथम शैल पुत्री है इस शैलपुत्री को हिमावती हरितिका (हरड़) कहते हैं। यह आर्युवेद की प्रधान औषधि है, जो सात प्रकार की होती हैः–

1. विजय

2. रोहणी
3. पूतना
4. अमृता
5. अभ्या
6. जीवन्ती
7. चेतकी
8. महाकाली

विजया रोहिणी चैत्र पूतना चामृता भया।
जीवन्ति चेतकी येति पत्थयायाः सप्त धातयः।।

इसकी उत्पति के विषय में कहा गया है कि प्राचीन काल में इंद्र के अमृत पान करते समय एक बूंद पृथ्वी पर गिरी और उस स्थान पर यह दिव्य गुण वाली सात प्रकार की हरड़ पैदा हो गई।

पतात बिन्दु में दिव्यां शुक्रस्य पिवतो अमृतम।
ततो दिव्या समुलपन्ना सप्तजाति हरितिकां।।

इस हरितिकी (हरड़) को इसके गुणों के कारण अनेक नाम दिये गये हैं।

हूरितिव्य भया पथ्या कायस्था पूतना अमृता।
हमव त्य वयस्त्र चापि श्रेयसी दिव्या।।

हरितिकी (हरि) अभया भय से रहित करने वाली।

पत्थया (हितकारिणी), कायस्था (शरीर को बनाये रखने वाली), पूतना (पवित्र करने वाली), अमृता ((अमृता (अमृत तुल्य), हेमवती (हिमालय में होने वाली), अव्यथा (व्यथा का नाश करने वाली), चेतकी (चित को प्रसन्न करने वाली), श्रेयसी (यशदाता), शिवा कल्याणकारिणी,

वयस्था (आयु स्थापक), विजया (रोगों को जीतने वाली), जीवन्ती (जीवन दायनी), रोहनी (जीवन को उत्कर्ष बनाने वाली), नामों से जानी जाती है। इस हरितिका में लवण को छोड़कर बाकी सभी रस मधुर विकट कुद कड़वा कवाय और अमल पाये जाते हैं यह लवण के साथ पूर्ण भोजन है। सम्पूर्ण रोगों को हरने वाली रोगों से रहित करने वाली है।

हरितिका सर्व रोगनाशक है, इसके प्रयोग से रक्त शुद्ध होता है। शरीर को पुष्ट करने वाली है। यह बुद्धि और आयु वर्धक है। नेत्रों को तथा ह्रदय के लिये हितकारी है। इसके प्रयोग से उदर रोग, कृमिरोग वायुजनित रोग, कब्ज पित्त, कफज के साथ सन्यपातज आदि रोग दूर हो जाते हैं। हरितिकी के लिये कहा जाता है कि जिसके लालन–पालन के लिये बच्चे की मां न हो उसकी सेवा सुश्रुषा हरितिकी करती है। यह भी जननी मां की तरह ही है, नास्ति मस्य गृहे तस्या माता हरितिकी। हरितिकी में सर्वश्रेष्ठ विजया है जो सब रोगों को हर लेती है। इसे महाकाली भी कहते हैं (कालीहरड़)

सप्त नामामि जातीनाँ प्रवान विजया स्मृता।
सुख प्रयोग सुलभा सर्व रोगेषु रायुस्ते।।

भोजन के साथ हरितिकी का प्रयोग सर्वोतम है। इसे भोजन के अन्त में खाने से यह भोजन से उत्पन्न होने वाले विकारों को दूर करती है। भोजन के साथ खाई गई हरड़ बुद्धि, बल तथा इन्द्रियों को प्रसन्न करती है। कफ, वात, पित्त तीनों दोषों को नष्ट करती है।

अन्नपान कृतान्दों, वान्धाता पित्त कफोद भवान।
हरितिकी हरब्यासु भुकतस्यो परियोजिता।।

गुड़ के साथ हरितिकी सब रोगों का नाश करने वाली है। "सर्व रोगान हन्ति गुड़विन्तां" जो लोग हरितिकी से अपनी काया को शुद्ध

करना चाहते हैं उन्हें बसन्त ऋतु में शक्कर से, हेमन्त में सौंठ से, शिशिर में पीपरी (पीपली) के साथ कम से कम दो चाय के चम्मच के बराबर समशीतोष्ण जल के साथ लेना चाहिये।

गर्भवती स्त्री व अत्यधिक कमजोर व थके व्यक्ति को हरड़ का सीधा प्रयोग नहीं करना चाहिये। उसको इसका लाभ लेने के लिये उपयुक्त महा औषधि के साथ प्रयोग करना चाहिए। हरड़ का रस माँ के दूध की तरह उपकारक है।

दुर्गा कवच की दूसरी महा औषधि बृह्मचारिणी या ब्राह्मी है। ब्राह्मी आयुवर्धक, समरश, शक्तिदायक, रुधिर (खून को साफ करने वाली) की नाशक, स्वर मधुर, गला साफ करने वाली, आवाज मीठी तथा सुरीली करने वाली, पेट को साफ करती है तथा खाँसी, ज्वर, सूजन, पांडू रोग (पीलिया), कोढ़ का नाश करने वाली है। पत्र भेद के कारण ब्राह्यी के तीन नाम है ब्राह्मणी (बष्मी बूअी), मन्डू, कपर्णी माण्डूकी, ब्राह्यी को सरस्वती भी कहा जाता है क्योंकि यह मन व मस्तिष्क में शक्ति प्रदान करती है। ब्राह्मणी कपोत बंला च सोमबल्ली सरस्वती।

मन्डु कपर्णी मान्डुकी स्वादी दिव्या औषधी।।
ब्राह्मणी मिसत तिकता लघुमेध्या च शीतला।
कवाया मधुरा स्वादुः पाका युव्या रासयनी।।
स्वधर्या स्मृति प्रदा कुष्ट पाण्डु महोस्त्रकासजित।
विषशोध जवर हरितत द्वमण्डूक पर्णिका।।

ब्राह्यी मण्डूक पर्णी और माण्डूकी की मस्तिष्क कण्ठ और ज्ञानेन्द्रियों पर विशेष क्रिया है। यह वायु विकार और मूत्र संबंधी समस्त रोगों की प्रमुख दवा है। यह मूत्र द्वारा रक्त विकारों को बाहर निकालने में समर्थ दवा है। यह शीतल कड़वी व पेट को साफ रखने वाली औषधि है।

दुर्गा कवच में तीसरी महा औषधि का नाम चन्द्रघंटा है। इसे चन्द्रसूर या चमसूर कहते हैं यह धनिये की तरह का पौधा है। जिसके पत्तों की सब्जी खाई जाती है। इसको भद्रा कहते हैं यह कल्याणकारी है। यह मोटापा दूर करने की एक मात्र औषधि है। इसलिये इसे चर्महिन्त कहते हैं। शक्ति बढ़ाने वाली रक्त को शुद्ध करने वाली यह चन्द्रिका हृदय रोगों को दूर करने के लिये परम उपकारी है।

चन्द्रिका चर्महन्ति च पशु मेहन कारिणी।
नन्दिनी कारकी भद्रावासु पुष्पा सुवासरा।।
चन्द्रसुर हित दिव्या वात श्लेषभमि सारिणाम।
असष्ा वात गद्धद्वेषी बल पुष्टि विवर्धनम।।

दुर्गा कवच में चौथी महा औषधि कुष्मान्डा है (सीताफल)। कुष्मान्डा से पेठे (पेठा) नामक मिठाई भी बनती है। इसे कुमला या कुम्हड़ा (कोहला) सीताफल, पेठा आदि कहते हैं। इसकी सब्जी अति उत्तम स्वादिष्ट तथा सभी शुभ मुहूर्तों में खास कर पुराने वख्त में बड़े चाव से बनाई जाती थी। यह कुष्मान्ड यानि पेठा पुष्टि कारक वीर्यवर्धक व रक्त विकारों की नाशक है। पेट को साफ करने वाली है। मन की दुर्बलता को दूर करने की यह प्रधान औषधि है। यह उन्माद रोगों को हरने वाली है। यह शरीर के समस्त दोषों को दूर कर हृदय रोगों में उपकारी दवा है। यह रक्त पित और गैस्ट्रिक (गैस) रोगों को दूर करती है। फल की दीर्घता और लघुता के आधार पर यह दो प्रकार की है। बड़े फल वाली कुष्मान्डा, छोटे फल वाली कूष्माण्डी कही जाती है।

कुष्माण्ंड बृहणं वृष्यं गुरु पिता स्त्रवातनुत।
वस्ति शुद्धिकरं चेतो रोगाहज सर्वदोष जित।।

कुष्मान्डी तु भंशं लगूबी कक स्विरपि क्रीतिर्तकर्की सर्गाहर्णी शीता रक्त पितांपुरा गुरु

दुर्गा कवच में पाचंवी औषधि स्कन्द माता है। इसे पार्वती या उमा कहते हैं। अतसी अर्थात अलसी जिसका तेल भी निकाला जाता है यह वात, पित्त, कफ तीनों रोगों का नाश करने वाली हैं।

अतसी नील पुष्पी च पावर्ती स्यादुमा क्षमा।
अतसी मधुरा तिकता सिथग्ंघा पाके कटु र्गुरु।।

दुर्गा कवच में छठी औषधि कात्यानी है। इसका आयुर्वेदिक नाम अम्बा, अम्बालिका, अम्बिका है। इसको कोइया या माचिका कहते हैं। यह कफ, पित्त, कुष्ठ रोग निवारक तथा रुधिर विकार को दूर करती है।

माचिका प्रल्विकाम्बास्ठा तथा अम्बा।
अम्बालिका अम्बिका रक्ततिसार पितास्य काल काष्ठा भया पहा।।

दुर्गा कवच की सातवीं औषधि है, काल रात्री। जिसे केतकी धृतकार कवार, गन्दल कुमारी, मुसब्बर, धृत कुमारी, ग्वारपाठा, महा योगेश्वरी कहते हैं। यह नाग दौन है यह सब प्रकार के विषयों की नाशक, सब प्रकार के रोगों की नाशक, सर्वत्र विजय दिलाने वाली मन मस्तिष्क के समस्त विकारों को दूर करने वाली महा औषधि है। इसके पौधे को घर में लगाने मात्र से ही घर के सारे कष्ट दूर होने लगते हैं यह सब विषों की नाशक औषधि हैं ''इसकी 300 जातियां हैं'' यह एक हजार रोगों की अचूक दवा है।

विज्ञेया नाग दमनी बला मोटा विषायहा।
नाग पुष्पी नाग पत्र महा योगी श्वरीति च।।

बला मोटा कटूतिकता लघुपिता कफापहा।
मूत्र कुच्छ ब्रणान रक्षो नाशयेत जाल्गर्दभम।।
जय सर्वत्र कुरुते धनदा सुभति प्रदा।

दुर्गा कवच की आठवीं औषधि महागौरी जो सर्वत्र सुलभ घरों में लगाई जाने वाली तुलसी हैं। तुलसी सात प्रकार की है। सफेद तुलसी, काली तुलसी, मरुवा, दवना, कुठेरक, अर्जुन, कटपत्र ये भी रक्त शोधक हैं, हृदय रोग नाशक हैं, यह तीनों दोषों को जीतने वाली है।

तुलसी सुरसा ग्राम्या सुलभा बहुमंजरी।
अयेत राक्षसी महागोरी शूलन्धी देव दुन्दुभिः।।
तुलसी कटुका तिकता दुह्या उष्णाहाह पितकृत।
मरुद निप्रदों हुडा तीक्षणोष्यः पितलो लघू।।
दमनस्तु वर तिक्तो हूयों वष्य्यः सुगन्धिकः।
ग्रहणी विक कुडास्त्र कलेदकण्डू त्रिदोष जित्।।
तीक्षणां रुचिकरं हुयं दीपन लघु पाकि च।
पितलं कप वातास्य कण्डुकृ भिविषय हम।।
बबरी वुर्करी तुंगी रवर पुष्पा संगाधिका।
यशांस्तत्र कृष्णों तु कठिललक कुठेरेको।।

दुर्गा कवच की नोंवी औषधि सिद्धीदात्री है। जिसे नारायणी या शतावरी कहते हैं। शतावरी, बुद्धि, बल, वीर्य के लिये उत्तम है। रक्त विकार तथा वात, पित्त, शोध नाशक है। हृदय को बल देने वाली त्रिदोष नाशक महा औषधि हैः

नारायणी शतपदी शतवीयौ चपीवरी।
शतावरी बहु सुता भीरुरिन्दीवरी धरी।।
महाशतावरी मेध्या हुष्या वष्ण्णा रसायनी।

मेघन्ति पुष्टिका सिन्नधा नैत्रया गुल्पाति सारजित।
त्दंकरो त्रिदोषन्धो लघुर शस्त्रयापहा।।

सिद्धिदात्री का जो भी लोग नियमपूर्वक सेवन करते हैं, उनके कष्ट स्वभेव दूर हो जाते हैं। दुर्गा कवच में वर्णित दैवीय जीवनी शक्ति देने वाली औषधियाँ हैं जो रक्त शोधक हैं। ये रक्त में पैदा होने वाले रोगाणुओं को नष्ट करने वाली हैं। ये अपनी सहायक शक्तियों के साथ असाध्य रोगों को भी साध्य करने में समर्थ हैं। रोग कोई भी हो उसके कीटाणु रक्त को अक्रान्त कर सारे शरीर में फैलते हैं लेकिन जो रक्त रोग हैं उनसे तो सारा शरीर ही आक्रान्त रहता है। जैसे एड्स और कैंसर। अतः इन रोगों के लिये दुर्गा कवच का प्रयोग हानि रहित होने के साथ उपयोग और दीर्घ जीवन दायी है।

मार्कण्डेय चिकित्सा प्रणाली में कैंसर का पर्याय ध्रूमाक्ष है। धूर्म तात्पर्य श्वेत और अक्ष का मतलब केन्द्र बनाने वाला। यह रोग ध्रूमाक्ष है। ध्रूमाक्ष की नाशक दवाईयां हैं– सपृक्षा, मूर्दा, बन्ध्याक, कांटी, असारक, शतावर, माचिका, कमल, गिलोय जिन्हें देवी अम्बिका नारायणी पद्यमनी कहते हैं।

जिन लोगों को कैंसर है उन्हें इन दवाओं का प्रयोग निःसंकोच व अवश्य करना चाहिये। ये दवायें हानिरहित हैं और किसी भी अन्य चिकित्सा पद्धति के साथ प्रयोग की जा सकती हैं। कीमोथेरेपी के दुष्प्रभाव से ये बचाती हैं क्योंकि ये आयु स्थापक हैं। इनके लिये कहा गया है कि ये मुन्ड का मथंन कर देती हैं।

चामुण्डे मुण्ड मथंने नारायणी नमोस्तुते।

मार्कण्डेय चिकित्सा प्रणाली में व्यभिचार से फैलने वाला रोग एड्स कालक (भाईका) रोग है। एड्स से जीवन शक्ति खो बैठते हैं और रोगी मौत का ग्रास बन जाता है।

जिसको एड्स हो चुका हो या जिनको इसकी आशंका हो उन्हें दुर्गा कवच में वर्णित सभी दवाओं का प्रयोग क्रमशः अवश्य करना चाहिये। इन दवाओं के साथ शहद में आँवले का रस मिलाकर पीना चाहिये। स्वस्थ व्यक्तियों को भी चाहिये कि वे बेहिचक नवरात्रों में कम से कम वर्ष में एक बार परिवार समेत व स्वयं दुर्गा कवच के प्रयोग से अभिषिवत करें और सर्वस्व रुप में व्याप्त शक्तियों को जगायें।

फैंगशुई का हमारे जीवन में प्रभाव

फैंगशुई एक चाईनिस सभ्यता है। घर की चारदीवारी की साज सज्जा, चीजों को यथा–स्थान पर रखना, दरवाजे, फर्नीचर, पौधे, गलियारे आदि सभी अगर सही ढंग से प्रयोग किये गये हों, तो वह एक अच्छी एवं सुखद जिन्दगी को दर्शाती है। अच्छी फैंगशुई यादि ऊर्जा को पूरे घर में इस तरह से फैलने में सहायक होती है जिससे घर में पैसा, सेहत, मान सम्मान, प्यार में बढ़ोत्तरी होती है। इन मकानों में रहने वाले लोग आपस में प्यार से रहते हैं इसलिए जब भी मकान लें या बनाएं तो इन चीजों का हमें ध्यान रखना चाहिए।

Fengshuids अनुसार ब्रह्माण्ड ऊर्जा से है और ऊर्जा या तो Negative या Positive है। इसे yin and yang भी कहते हैं। सरल भाषा में कहा जाए तो नर एवं नारी का मिलन जब होता है तभी सृष्टि की रचना होती है और ये सृष्टि पांच तत्व की होती है। तभी, मैटल, अग्नि, वायु व जल। हमारी भारतीय सभ्यता, में इनके नाम अलग हो सकते हैं। लेकिन अर्थ एक ही है। हमारा शरीर पांच तत्व से ही बना है। इसी तरह हमारा घर एवं उसमें हर चीज हर वस्तु में एक Vibration होती है। इसकी Vibration अगर उस घर में रहने वाले इंसानों की Vibration से match ना हो तो अनेक समस्याओं का जन्म होता है। किंतु अगर तालमेल ठीक हो तो चारों दिशाओं से बरकत ही बरकत है।

फैंगशुई सरल शब्दों में बाहरी वातावरण घर एवं घर में रहने वाले लोगों के बीच के सही तालमेल का ही नाम है। ये बहुत ही सरल है। इस में कहीं भी तोड़–फोड़ की आवश्यकता नहीं है।

फैंगशुई में जरा सी सूझबूझ से हम अपने आस–पास के वातावरण को ऊर्जावान करके जीवन का भरपूर आनंद उठा सकते हैं।

कुछ महत्वपूर्ण टिप्सः–

1. फैंगशुई में पानी पैसे का प्रतीक है। अगर आपके घर में नलों से पानी लीक हो रहा है तो आपके पैसों को नुकसान है। उसे तुरंत ठीक करें।
2. घर में कोई भी घड़ी खराब हो तो उसे ठीक कराएं या उसे फैंक दें।
3. जो सामान आपने पिछले 12 महीनों में उपयोग नहीं किया उसे clutter कहते हैं। clutter negative energy create करता है और जो Positive energy आप तक पहुंचने वाली थी उसे रोक देता है। इसलिए clutter हटा कर दोनों हाथों से Positive energy का स्वागत करें।
4. मुख्य द्वार पर Dustbin ना रखें घर के Main Door पर सुंदर पौधे एवं प्यारी – प्यारी वंदनवार लगायें ताकि अच्छी ऊर्जा आपके घर में प्रवेश करें।
5. कार्यालय में आप की कुर्सी आपके तहत काम करने वाले लोगों की कुर्सी से ऊंची एवं मजबूत हो।
6. कार्यालय में आपकी कुर्सी के पीछे खिड़की ना हो, मजबूत दीवार हो जो आप को power देगी।
7. Dustbin टेबल के नीचे ना हो तो बेहतर है।

8. कम्प्यूटर, टी.वी., Micro wave, cell phone से निकलने वाली emf ray बहुत नुकसानदायक होती हैं। कोशिश करें सोते समय ये दूर हों एवं इनके तार plug में ना हों।

9. Front door के सामने toilet ना हो। अगर है तो एक शीशा toilet door पर टांगे व toilet door जब इस्तेमाल ना हो तो बंद रखे।

10. तोहफे में घड़ी देना चाईनीज सभ्यता में खराब माना जाता है।

11. केकटस garden में अच्छा है। लेकिन घर के अंदर ना रखें।

12. Laufing buddha किस्मत चमकाते हैं। इसे घर के मुख्य द्वार के सामने Living Area में लगायें।

13. शीशे Bedroom में अगर आपके bed को Face करें तो बहुत अशुभ होते हैं।

कोई भी सवाल अगर आप पाठकों के मन में हो तो निसंकोच पत्र लिखकर पूछ सकते हैं। आपको हमारी ओर से पूर्ण सहयोग मिलेगा।